氣候危機大預警

畢馨云——譯

葛諾・華格納 GERNOT WAGNER & 馬丁・韋茲曼 MARTIN L. WEITZMAN

CLIMATE SHOCK

THE ECONOMIC CONSEQUENCES *of* A HOTTER PLANET

氣候變遷是個問題，因為太少有人把它視為問題。
我們這些認為它是問題的人，除非能說服其他人採取行動，否則也束手無策。

CLIMATE SHOCK
氣候危機大預警

目錄

序
氣候公民隨堂考

請問以下兩個簡短的問題：

1. 你認為氣候變遷是迫切的問題嗎？
2. 你覺得讓世界停止使用化石燃料很困難嗎？

如果兩個問題你都回答「是」，歡迎。這本書你會一邊讀一邊點頭，有時甚至會高呼喝采。你將感覺更加篤定。

而且你也是少數。絕大多數人只會在其中一題答「是」，而不是兩題。

如果你只有在第一題答「是」，你可能覺得自己是個堅定的環保人士。你可能會認為，氣候變遷是社會面臨的議題。情況很嚴重，比許多人想的還要嚴重。它已經帶來嚴重負面影響，就要向我們重襲而來。我們應該竭盡所能：太陽能板、自行車道、所有的一切。

你說對了，某個程度上。氣候變遷是迫切的問題。但假如你以為停止使用化石燃料很容易，就是在騙自己。這會是現代文明所面臨最艱困的挑戰之一，也將需要人類迄今發動過最持續、管理完善的、全球性的通力合作。

如果你只有第二題答「是」，或許你覺得氣候變遷並不是我們這一代的關鍵問題。這未必表示你「懷疑」或「否認」根本的科學證據；可能你仍然認為全球暖化值得關注。不過現實狀況是，我們總不能為了減緩一個數十年、甚至數百年後才會產生全面影響的問題，而不生活。想想看，世上有些人此刻正苦於能源短缺。此外，無論美國、歐洲或其他高排放國採取了什麼節能政策，追趕富裕國家生活水準的中國、印度等國，都將讓這些努力化為烏有。你知道凡事都要權衡。你也知道，只靠太陽能板和自行車道是做不到的。

你也說對了，但這不會降低氣候變遷問題的嚴重性。尋求解決之道需要很長的時間，加上全球國際關係情勢複雜，因此我們必須當機立斷，而且現在就要採取行動。

如果你是經濟學家，很可能你會在第二題答「是」。傳統經濟學論述幾乎是站在「務實者」的立場，畢竟經濟學家把「權衡」看得像生命一樣重要。你對孩子的愛雖然超越世上的一切，可是經濟學家不得不說，這份愛嚴格說來不是沒有底限的。做父母的，可能會在孩子身上投入大量金錢和時間，但一樣要權衡利弊得失：究竟是要處理白天公事，還是讀床邊故事，是要現在縱容一下，還是機會教育一番。

在平常的、國家的或全球的層級上，權衡尤其重要，而在地球的尺度上，大概沒有哪個議題比氣候變遷更能展現出權衡的運作了。它是經濟成長與環境之間的終極戰。如今，氣候政策越強有力，就意味經濟成本越高而且直接。燃煤火力發電廠很快就會淘汰，或是根本就不再興建。這牽涉到成本，對燃煤發電廠的業主和用電的消費者都是如此。這樣一來，一方面因為碳排放量減少，另一方面又因為投資更乾淨、效能更高的技術所帶來的經濟報酬，最大的權衡問題就會變成：該如何把這些成本與行動帶來的好處做個比較。

經濟學家常把自己形容成站在爭論中間的理性裁決者。如今空氣比石器時代要差，平均壽命卻長多了。海平面不斷上升，威脅著上億人的生命和生活，不過人類社會過去也曾遷移城市。要我們不再使用化石燃料，是十分困難的，但人類的聰明才智——技術上的改變——必會再次扭轉乾坤。生活方式將有所不同，可誰能說會變得更壞？市場讓我們更長壽，給了我們巨額財富，就讓適當導引的市場力量變一變魔法。

這樣的邏輯有很多好處，但關鍵字是「適當導引」。氣候變遷若沒有減緩，究竟要花多少成本？哪些是我們已知的、未知的、不可知的？我們所不知道的，會把我們帶往哪裡？

最後這個問題是關鍵：我們知道的一切，大多在告訴我們氣候變遷很嚴重，而我們不知道的一切，多半在告訴我們情況可能比所想的糟糕得多。

「嚴重」或「更糟」不代表無可救藥。實際上，本書中幾乎每項預測都以下面這句話做為但書：除非我們採取行動。我們大膽做出預測，不是為了看到這些預測成真。我們是在談，不受拘束的經濟力量可能會走向何處，以便把這些力量導向更有成效、更好的方向。最終，我們可以引導它——從許多方面來看，訂定適當的「碳價」將不是做或不做的問題，而是何時要做的問題。

1

CLIMATE SHOCK

為地球報案

每當科學指出一些可能發生的災難性後果，
認知失調的症狀就會開始浮現。
人性的反覆無常和我們的知識極限，正是氣
候政策困境的關鍵所在。

感謝俄羅斯警方的腐敗，我們才有這些連美國航太總署（NASA）和其他國家太空總署都未拍攝到的影片：

二〇一三年2月15日，一顆直徑20公尺的小行星在俄羅斯城市車里雅賓斯克（Chelyabinsk）上空爆炸，產生的火光比太陽還亮，當時正是上班尖峰時間。沒過多久，網路上就出現了一些壯觀的影片，大多是行車記錄器拍到的；俄羅斯交通警察執法隨興，許多駕駛人為求自保，於是加裝行車記錄器。爆炸造成1千5百人受傷，多半是因為震波把玻璃震碎了。這對各國太空總署是一記警鐘，提醒他們提升自己的小行星偵測及防護能力。

這方面的太空計畫長期經費不足，但專門技術是有的，至少是可能有。美國國家科學院的研究估計，要花十年和大約20或30億美元，才能發射太空任務，去測試能否使可能撞擊地球的小行星改變方向。它也許不如十年內把人送上月球的計畫這麼令人期待，但起碼是同樣重要的。

儘管車里雅賓斯克上空爆炸的那顆小行星太小，可能無法使它偏移，但若能事先得知，也是好事。較大的小行星撞擊地球的機率雖然很小，不過仍有可能。根據天文學知識所做的估計，機率是每千年發生一次；也就是每一百年有10％的機率。我們還沒投入資金去確認。但事實上，幾十億美元就能讓NASA和其他國家的太空總署，記錄並防範這種隱憂。與可能摧毀文明的威脅相較，這是小數目。發生在大約6千5百萬年前、讓恐龍死亡的「第五次大滅絕」事件，就是一顆巨型小行星造成的。

氣候變遷不算是來自外太空的威脅，它完全是土生土長的，但可能帶來的毀滅同樣真實。伊麗莎白．寇伯特（Elizabeth Kolbert）根據她在《第六次大滅絕》一書裡所說的，對這一次的災難提出很有說服力的論點：「我們就是小行星。」實際上，根據最近一項科學評估，**我們經歷到的全球氣候變遷速率，預估是過去6千5百萬年間任何時間點的至少十倍快。**

「珊迪」颶風襲捲美國東部沿海地區，讓紐約市曼哈頓部分區域淹水，幾乎全島停電，紐約州長古莫（Andrew Cuomo）苦笑著跟總統歐巴馬說：「我們現在每兩年就遇上百年一見的水災。」二〇一一年8月間的「艾琳」颶風，就讓有百年歷史的紐約市地鐵和巴士交通系統，首次因為天災重創而關閉。才隔十四個月，就遭遇第二次停

擺。珊迪颶風是在二〇一二年10月橫掃而來。艾琳總共造成49人喪生，超過230萬人撤離家園，而珊迪總共造成147人死亡，37萬5千人撤離。

這種天災當然不是只發生在紐約。二〇一三年11月侵襲菲律賓的「海燕颱風」，造成至少6千人喪生，4百萬人撤離，在這之前不到一年，菲律賓才經歷了「寶發颱風」的狂掃，死亡逾千人，180萬人撤離。二〇〇三年夏天的歐洲熱浪，單在法國就造成1萬5千人死亡，全歐洲熱死逾7萬人。類似的事件還可以繼續列舉下去，範圍同時涵蓋貧窮及富裕的國家與大陸。

整個人類社會，尤其是歐美等富裕地區，從沒像今天這般有齊全裝備可因應如此的天災。經常是貧窮國家受害最嚴重，而這也讓近年出現在紐約等地方的死亡及撤離數字格外驚人。

風暴及其他極端天氣事件與小行星的相似處在於，代價都很高，不管是金錢上還是死傷人數上。從重要性和明顯的差異性來看，氣候問題的代價又更高。

首先，大家已經知道：早在人類開始增加二氧化碳排放之前，就有強烈風暴存在了。然而，平均氣溫升高，代表大氣中儲存的能量越多，也意味著極端的風暴、洪災和旱災可能會越常發生。

紐約沿海水域在珊迪颶風來襲前，水溫比平均值高出攝氏3度。菲律賓沿海水域在海燕颱風加速接近、準備登陸前，水溫也比平均值高出3℃。是巧合嗎？也許是。紐約沿海水溫的升高發生在海平面，菲律賓沿海水溫的升高則發生在海平面下1百公尺深。不過，舉證責任似乎落在質疑暖化與超強風暴有關的人身上。

情況正是如此，因為最出色的研究不是光做出間接關聯。雖然還沒有科學定論，但最新的研究顯示，**氣候變遷會引起更多的風暴，而且強度更強**。不過我們實在很難說，颶風、颱風之類的現象與氣候變遷有直接關聯，主要原因就在於這種風暴不常發生。對於較常發生的極端氣溫、水災和乾旱，要說與氣候變遷有直接關聯，就比較容易。

你也可以再想一想「酒駕」的例子：喝了酒雖然會提高肇事機率，但很多出車禍的人血液中酒精含量並沒有升高。或是和運動禁藥的例子做個對照：邦茲的任何一支全壘打或阿姆斯壯在環法賽奪冠，都不能歸因到興奮劑，也不是單靠服用興奮劑就能達成的。涉及服用禁藥爭議的明星運動員邦茲仍然得揮棒擊球，阿姆斯壯仍需踩踏板，但服用興奮劑肯定有幫助，讓他們打得更遠、騎得更快。就像全壘打紀錄和環法自行車賽多次奪冠，強烈風暴以前也曾發生過，不過這都不表示，運動選手血液中的類固醇或紅血球數量上升並沒有影響；對於大氣中二氧化碳含量上升，我們也能做類似的推論。

甚至連單一事件，研究人員也越來越會使用「歸因科學」來辨識人類的足跡。英國氣象局旗下有個「氣候監測與歸因」團隊，就在專門產出這樣的研究。其中一項研究發現，有90%的把握可以推斷，「人為因素使熱浪強度超過（夏季均溫）門檻值的風險提高了至少一倍」，歐洲在二〇〇三年達到該門檻值，這是自一八五一年以來前所未見的。這種關聯未來會更加明顯，一方面是因為科學將更進步，另一方面則是，極端天氣事件會越變越極端。

古莫州長雖然是脫口說出「每兩年就遇上百年一見的水災」這番話，但還真說到了重點。可預期的是，在本世紀結束前，類似今天這種百年不遇的水災，其頻繁程度會是每三到二十年發生一次。這是一世紀之久，比我們有生之年還久，但我們知道不能等那麼久才採取行動。每年風暴引起的洪水淹過紐約曼哈頓堤防的機率，已經從19世紀的1%左右，增加到今天的20%到25%，這表示曼哈頓下城可能每四到五年就會大淹水。

不像小行星，風暴及水旱災等極端天氣事件帶來的衝擊，並沒有20到30億美元、長達十年的NASA計畫來避免。對於像海平面加速上升這樣較不劇烈的現象，也沒有應急之道。把堤防這個第一道防線加高，當然有幫助，但這只能治標而不能治本。升高的海平面使暴潮更加洶湧，而海平面上升的本身又附帶大量成本。不妨想像你站在最喜歡的濱海城市港口邊，接著再想像你是在本世紀末站在同一個地點，此時海平面已經上升了0.3到1公尺。加高的堤防遲早會潰決，到時候只有撤離一途。

到那時才採取行動，可就為時已晚。我們不可能重建冰川和北極冰帽，至少在人類的時間尺度上是辦不到的。這些問題的嚴重性，將來會受制於過去的行動或未採取行動，將來的世代幾乎無力改變自己的命運。

有個可能的應對之道，是以大規模的「地球工程」來救急：把細小的反光粒子射進平流層，目的是讓地球降溫。地球工程算不上完善，還有許多可能的副作用，而且根本無法替代減碳。話雖如此，這仍是較為根本的權宜輔助辦法及技術。（我們會在第五章探討地球工程的全面影響。）

我們目前為止談到的，還都沒有涉及真正最壞的狀況。如果相當於車里雅賓斯克小行星這種威力的氣候衝擊越來越多，那的確不妙，但總有辦法應付。面對小型的小行星，我們可以找地方躲避，遠離窗邊；面臨小型的氣候變遷，我們可以遷移到氣候稍涼爽、沿岸地勢較高的地區。通常說來容易，但至少是可行的。至於更劇烈的氣候影響，譬如全球可耕地縮減，便很難想像該怎麼做才不會造成嚴重破壞。

同時，標準經濟模型並未把這種思維考量進去。許多觀察家認為，全球均溫要比工業革命前高出超過2℃，才有可能引發各種足以堪稱「災難」的事件。經濟學家通常難以理解那個字眼，他們需要財務數字。一場災難會讓全球經濟產出損失10%、50%，或是更多？

雖然確實有必要把衝擊換算成金額，這樣的效益成本分析卻只能做為社會該如何因應的準則。我們還應該考量到地球原本就會不停變動的潛在可能。首先，氣候變遷是風險管理問題——說得精確些，這是全球尺度等級的災難風險管理問題。

駱駝仍棲居在加拿大時

如果我們要想像一個全面卻又棘手的公共政策問題，氣候變遷即是近乎理想的議題。儘管今天面臨了風暴、洪災、森林大火，但全球暖化最嚴重的影響在我們有生之年還感受不到，而且可能會以最不可預期的方式影響我們的後代。氣候變遷不同於其他環境問題，也和其他的公共政策問題非常不一樣。它幾乎是唯一具有全球性、長期性、不可逆轉、不確定性的問題——它絕對是獨一無二、綜合了這四個特點的問題。

使氣候變遷難以解決的原因，也正是這四大因素。其困難的程度——缺乏全球集體良知的刺激——很有可能到了很難靠減碳和適應不可避免的後果，來因應氣候變遷的地步。最起碼，我們必須將受害加進清單裡。富者會適應，窮者將受其害。

然後是聽起來幾乎無可避免的「地球工程」，這類技術企圖以全球規模的科技方法處理看來很難解決的問題。最出名的地球工程概念，是要把微小的硫粒子釋放到平流層，試圖製造一道堪可遮擋陽光的人造屏障，來幫助地球降溫。

關於氣候變遷經濟學的一切訊息，似乎都指向此方向。地球工程非常便宜，能夠大肆實施，同時又有極大的槓桿作用，幾乎能抵消掉碳排放量。碳排放的「搭便車」效應是造成問題的元凶：在狹隘的自我利益中，找不到盡力二字。把我們推向地球工程這條出路的，是「**隨便開**」效應：它太便宜了，因此基於自身的利益，一定有人會去做，管它有什麼後果。

但我們暫時別談那麼遠，先一一檢視四大因素，來看看氣候變遷為什麼是極端「搭便車」問題：

氣候變遷是唯一具全球性的。北京霾害十分嚴重，對健康造成實質且劇烈的影響，迫使北京市政府官員宣布學校停課，同時採取其他嚴厲行動。不過，北京的霧霾，或墨西哥市甚至洛杉磯的霧霾，影響範圍多半局限在該城市。雖然美國西岸監測站可能會記錄到從中國飄來的煤灰，就像撒哈拉的沙塵有時會吹到中歐，但這些影響都是區域性的。

二氧化碳就不是這麼回事了。從世界哪個角落排放了一噸，都無關緊要。帶來的衝擊雖是區域性的，但氣候變遷的現象卻是全球性的，而且幾乎是所有環境問題當中唯一具有如此特性的。南極上空的臭氧層破洞很嚴重，不過即使在那樣的高度下，仍未曾達到席捲全球的程度，其他像是生物多樣性消失、砍伐森林，情形也一樣，這些都是區域性的問題。只有氣候變遷，把問題繫在一起，變成影響全球的現象。

全球暖化的全球性，也是阻礙我們制定合理氣候政策的第一個不利條件。我們很難讓選民在自己身上實施碳排限制，尤其當這樣的限制只對他們有利，而且效益大於成本。假若成本只在本國感受到，但效益是屬於全球的，立法限制自己就難上加難了：這是個橫跨世界的「搭便車」問題。

氣候變遷是唯一具有長期性的。過去十年是人類史上最溫暖的時期，其次是再早十年，往前更早十年，則是史上第三溫暖的。正如二〇一四年「美國氣候評估報告」中說的：「美國人開始注意到周遭的變化。」最顯著的變化，莫過於北極圈發生的變化：單單在過去三十年裡，北極海冰的面積就消失了一半，體積少了四分之三。《外交政策》雜誌有篇標題為〈即將來襲的北極熱潮〉的文章，就假設這一切必會發生。於是，接下來世界各地都會有明顯的變化。美國氣候評估報告當中也說：「某些沿岸城市的居民發現，風暴來襲和漲潮時，他們的街道比以往更常淹水。臨近大河的內陸城市淹水的次數也變得較頻繁，尤其是美國中西部和東北部。某些容易受災的地區，保險費率越升越高，其他地點甚至沒有保險公司願意承保。天氣越來越炎熱、越來越乾燥，融雪越來越早，這些都表示美國西部森林大火在春季會發生得更早，持續到入秋之後，而且延燒面積更廣。」氣候變遷來臨了，而且不會離去。

這些都不該掩蓋住一件事，那就是：**氣候變遷最嚴重的後果仍很遙遠，通常壓制在全球長期平均值之中**，像是二一〇〇年的全球平均地表溫度推估、數十年和數百年後全球平均海平面上升高度推估等等。這是合理氣候政策的第二個不利條件：最壞的影響在久遠的未來——儘管這表示若要避免這些預測發生，現在就必須採取行動。

氣候變遷是唯一不可逆轉的。即使我們明天就不再排放二氧化碳，還是會有幾十年的暖化，和數百年的海平面上升。南極洲西部大片冰層終將全部融化，恐怕已經阻止不了了。我們經歷的極端天氣事件已經比以往來得多，將來仍會繼續如此。

大氣中的過量二氧化碳，有超過三分之二在人類開始燒煤炭之初並不存在，但這些二氧化碳在一百年後仍會存在，而一千年後仍有超過三分之一。這些變化是長期的，而且幾乎是不可逆轉的——至少從人類的時間尺度來看是如此。第三個不利條件。

彷彿以上三個不利條件還不夠似的，氣候變遷還有另一項特點，好湊成四大特點，而且最後這項可能是當中最大的特點，那就是：不確定性——這正是我們知道自己不知道的，而且我們可能還不清楚自己並不知道。

上一次二氧化碳濃度像今天這麼高——400 ppm（ppm 代表百萬分之一）時，是在「上新世」這個地質年代，那是距今超過3百萬年前，讓大氣中的碳增加的主因是自然的變化，而非汽車和工廠。那個時期，全球均溫比今天高了大約1到2.5℃，海平面比今天高出20公尺，而且駱駝棲居在加拿大。

我們不希望今天發生這種劇烈的變化。溫室效應需要幾十年到數百年，才會造成全面影響。儘管近來北極發生的變化，但冰層的融化需要數十年到上百年，全球海平面高度也需要數十到上百年的時間才會改變。雖然3百萬年前二氧化碳濃度達到400 ppm，但海平面上升晚了幾十年或數百年才發生。這段時差很重要，也指出了氣候變遷的長期性與不可逆轉。（可參照第二和第三個不利條件。）但這只是稍許安慰，因為第四個不利條件有個重要的曲折變化。

難解的不確定因素

現有最好的氣候模型針對上新世做出的溫度推估，很接近當時的情況，但都未預測出海平面比今天高20公尺，也並未推測駱駝在加拿大四處行走。我們現在還做不出這樣的預測，幾百年後也做不到。這有兩個重要原因。

第一個原因是，大部分的氣候模型會過度偏向已知數據，有時就會過於保守。直到最近，大多數的氣候模型仍只根據海洋的熱膨脹（以及高山冰川的融化），來預測海平面的上升高度，而沒有把冰層融化的影響考量在內。海水溫度升高，就會占掉較多體積，導致海平面上升，光靠這個機制，的確造成了過去二十年間超過三分之一的上升高度。另外一件很明顯的事情是，格陵蘭和南極洲兩地的冰融，也讓海平面上升，但不確定上升了多少。暫且把它稱為「已知的未知數」。直到最近為止，科學家對極地冰帽融化現象的了解都還很粗淺，因此許多模型就只能忽略南北極冰融的影響。

第二個原因是，即使氣候模型在很多事情上的方向是對的，但根本的事實是，我們並不了解氣候是如何運作的。平均值的表現就夠糟糕了。全球地表溫度平均每十年升高0.1℃，這聽起來相當好辦、甚至還不錯，但很少有人提出異議說，若以這種暖化速度，在一個世紀或更久以後可能就會付出慘痛的代價。然而，這些平均值卻也掩蓋掉兩組可能會帶來實際問題的不確定因素。

第一組不確定因素，是任何一種全球長期估計本身就帶有的特性。僅呈現全球平均值，會掩飾了至少四件重要的事實。

第一，過去一百年間升溫的速度一直在遞增。

第二，儘管普遍來說具有遞增的趨勢，氣溫在幾年和幾十年間是起起伏伏的。（因而有「十年沒有暖化」的說法。）

第三，海洋上方的空氣通常比陸地上方的空氣涼爽。由於地球的三分之二是海洋，所以全球氣溫平均每十年升高0.07℃，要換算成陸地上空平均升溫0.11℃。

最後一件事情是，南北極上空的暖化比其他地方快。北極的暖化速度，預計是全球平均值的兩倍以上，這情況特別嚴重，因為南北極是世界上留下最多冰的地方。陸地上的冰融，意味著海平面會上升，這是現在最新的海平面推估正式公認的。

再來就是真正根深柢固的不確定因素。要做出這些推估（不管是不是平均值），需要採取幾個步驟，每一步都有各自的一組已知及未知的未知數。到處都存在不確定因素，不管是全球暖化污染物排放量、排放量與大氣中濃度之間的關聯、濃度與氣溫之間的關聯、氣溫和有形氣候變遷損害之間的關聯、有形的損失和其後果之間的關聯，以及最起碼同樣重要的是，人類社會將做何對策：採取什麼應變之道，而這些措施最後效率如何。

弄清楚其中一個步驟，即「濃度」與「最終升溫值」之間的關聯，已證明是難以達成的目標。過去三十年在氣候科學方面的驚人進展，並未幫助我們找到真正的解答。大氣中的二氧化碳濃度增加一倍，全球均溫最後可能會升高1.5到4.5℃——除非我們現在就制定出遠大的氣候政策，否則日後大氣中的二氧化碳濃度一定會加倍。我們對這樣的暖化幅度已經比以前有信心，但這個幅度從一九七〇年代後期就一直沒變過，我們會在第三章〈厚尾〉再回來談這一點。

厚尾（fat tails）一詞則指出了另一個問題：1.5到4.5℃的這個範圍「可能」就是不確定的。我們很有可能發現，在二氧化碳濃度增加一倍時，增溫幅度確實落在這個範圍內；氣溫隨著二氧化碳濃度變化的變動程度，稱為「氣候敏感度」。然而，我們也有可能不會發現這一點。

「政府間氣候變遷專門委員會」（IPCC）以「極不可能」一詞，來形容低於1℃的變化。這項評估相當可信，畢竟全球已經升溫0.8℃，而二氧化碳濃度根本還沒升高到工業革命前的兩倍。（全世界才剛衝破的400 ppm門檻，比工業革命前的280 ppm升高了40%。）還有一種可能是，二氧化碳濃度增加一倍所導致的升溫最後會突破4.5℃；這雖然「不大可能」，但我們仍然不能排除此種可能性。

同時，全球平均升溫4.5℃也是難以想像的。你可以回想一下那些棲居在加拿大的駱駝，或是想像一下沒人認得出來的地球。

不過，4.5℃並沒有道出一切。氣候敏感度描述了大氣中的二氧化碳濃度增加一倍時，會發生什麼結果。要是二氧化碳濃度增加了不止一倍呢？國際能源總署（IEA）的預測值是700 ppm，也就是工業革命前的二點五倍，這樣一來，「可能」增溫範圍就變成2到6℃。

氣候科學警告，平均全球升溫若超過2℃，就有可能引發極具破壞性的天氣事件。至於平均全球升溫6℃，我們還不清楚該用什麼標籤才好：「災難性」似乎不再公平合理。馬克·林納斯（Mark Lynas）在他的《改變世界的6℃》一書中，詳盡描述出每升高一度所帶來的氣候衝擊，一直談到攝氏6度為止。在最後一章開頭的引言，他提到了但丁的第六層地獄。最近展開的「歐盟資助計畫HELIX」，目標是定出特定升溫幅度下的全球及區域影響，該計畫也做到攝氏6度為止。根據我們自己的計算（見第三章），我們看到有10％的機率，會超出這個刻度值。

每當科學指出一些可能發生的災難性後果，認知失調的症狀就會開始浮現。現實情況也許是事實，但同時丟給你太多，幾乎等於是要你斷然駁斥，就好像它不可能或不會是真的。

人性的反覆無常和我們的知識極限，正是氣候政策困境的關鍵所在。單憑智慧，似乎發揮不了多大的作用，解決困境需要靠截然不同的思維方式。

浴缸問題

讓我把大氣想成一個巨大的浴缸，裡面有個水龍頭——來自人類活動的碳排放，還有個排水孔——地球吸收掉碳污染的能力。在人類文明的多數時候和在幾十萬年前，流入量和流出量是相對平衡的。

後來人類開始燒煤，水龍頭打開了，遠超過排水孔能夠排掉的程度，大氣中的二氧化碳含量開始增加，達到三百多萬年前上新世時期的紀錄。

該怎麼做？這是麻省理工學院教授史特曼（John Sterman）問兩百個研究所學生的問題。說得具體些，他所問的是，**該怎麼做才能使大氣中的二氧化碳濃度穩定在目前的水平**。為了讓二氧化碳濃度保持穩定，我們還需要走多遠才能關掉水龍頭？

這是我們不能做的：今天繼續讓二氧化碳穩定流入大氣，並不會使已經存在大氣中的碳含量穩定在目前的水平。這樣是在增加。不能因為每年的流入量「維持穩定」，我們就能說浴缸裡的原有存量不會增加。流入量和流出量必須達到平衡，而在目前的大氣二氧化碳濃度下（達到400 ppm），如果流入量不大幅減少，是不會達到平衡的。

這一點似乎很清楚明白。但麻省理工學院的這些研究生普遍不理解這一點，而且他們可不是普通人。然而在史特曼的調查下，這些學生當中有80％以上的人，把水龍頭和浴缸混為一談。他們把「穩定流入量」，當成「穩定含量」。

說句公道話，這兩百位MIT學生並不知道這個浴缸的類比，他們就只有看了當時最新的ＩＰＣＣ報告中「給決策者的摘要」的摘錄。那份文件的目的，其實是在向我們所選出的官員解釋這個問題。如果連麻省理工學院的研究所學生，都分不清年排放量與大氣含碳濃度之間的根本差異，我們其他人就更沒希望了。

當然，這是一份「給決策者的摘要」。公眾也許不需去理解，只要政策制定者理解就好。但這也有個小問題。ＭＩＴ的研究所學生很可能是（受過良好教育的）政策制定者的最佳代理人；不過，真正制定政策的又是另一幫人。那些寫下實際政策的不具名技術官僚，在他們各自的決策領域上也可能擁有博士學位。不過我們推斷：當選的官員不太可能是任何一個特定領域的專家，而到最後，當然是由廣大選民來決定，他們所選出來的人該如何思考特定的問題。

如此說來，對於全球暖化污染的處理，絕大多數民選官員持的看法是所謂的「觀望」策略，這並不令人意外。正像字面上聽起來的那樣，就像「浴缸類比」所暗示的那般容易引起誤導。

我們不能等到南極冰層沒入大海中，導致全球海平面向上新世時期的紀錄推進三公尺的那一天才開始行動。到了那一刻，就連最頑固的人都會覺悟到，我們處於氣候危急狀況。然而，危急狀況與大氣中的碳濃度有關。我們的社會最能直接控制碳排放的流入量，但即使現在立刻把流入量降為零，也解決不了問題，因為過量的碳需要幾世紀甚至上千年，才能從大氣中自然流出去。「觀望」策略倒不如稱為「放棄並且收手」策略。

面對氣候變遷需要全新的思維模式，這對麻省理工學院的研究所學生、政策制定者和一般大眾來說，都是同樣陌生的。為避免我們以為正視氣候變遷問題，就和理解浴缸類比並且照著行動一樣容易（看起來也是一樣困難），浴缸的類比只強調了四大因素的其中兩項：氣候變遷問題的長期性，加上不可逆轉。

其餘兩項還沒有談到：氣候變遷問題的全球性和不確定程度如何。全球暖化的全球性幾乎可以保證，刻意關掉水龍頭是非常難做到的。至於不確定性，也沒什麼幫助，儘管它理應會促成較堅決的行動。因為如果不太清楚浴缸「還有多久就會裝滿」，早一點關掉水龍頭是明智的。

對於氣候，我們可以做些事

還有很多可行的思考方式。

我們可以試著保持樂觀。沒錯，情況很危急，但看看這些進展。太陽能板的價格在五年內降了八成，其實這大部分是沾了德國和中國家戶的光，兩國政府實施直接補貼，讓成本下降，但最好的回應方式可能是複習一下你的德文和中文，以便寫謝卡。他們身先士卒，讓世界上其他人享有較便宜的太陽能。

太陽能不是化石能源的完美替代品，不管怎麼說，它並沒有改善電力市場結構和儲存技術。燃煤火力發電廠或天然氣發電廠可以開啟和關閉，但我們無法控制日照時間。儘管如此，在陽光普照的普通週日下午，日照量升高但需求量下降之時，德國仍有50%的電力來自太陽能。二〇一三年整年平均起來，德國有將近5%的電力來自太陽能。那是在德國這個歐洲工業強國，一般認為日照量不特別充足的地方。

全球的情況也開始好轉了。二〇一三年，全世界太陽能總產能增加了將近40吉瓦（GW），高出二〇一二年增加的30 GW，而二〇一二年又高出二〇一一年所增加的30

GW。絕對數字很大，但變動率更加可觀。在二〇〇〇年，全球的太陽能總裝置容量大約是1 GW，到二〇一〇年底，達到40 GW，二〇一三年年底前，累計高達140 GW。這是迅速激增的加倍成長。

在我們討論的同時，有些十分重要的政策變革正開始發生。這些政策本身仍有不足，但整合起來卻形成一系列令人讚賞的政策架構。歐洲從二〇〇八年開始啟動「碳交易市場」，並展開（充分）運作。如今，美國加州擁有全世界最全面的碳市場，涵蓋了該州溫室氣體總排放量的80％。加拿大卑詩省徵收「碳稅」。中國正在試行幾個地區碳市，並且承諾在二〇三〇年達到二氧化碳排放峰值。印度有「煤炭稅」，每噸徵收1美元。相關政策不是很多，但是已經有了，這帶來了希望。巴西設立了一項遠大的全國氣候政策目標，要大幅減少因砍伐森林帶來的碳排放。而在美國，絕大多數的選民希望所選出來的官員採取行動，至少原則上要有所行動。再多遇上幾次百年一見的風暴，就像二〇一一及二〇一二年接連侵襲紐約的那兩次風暴，我們可能就會看見真正的改變。

事實上，美國終會走向明智的氣候政策，這是越來越清楚的趨勢。一方面，它可能會透過州政府，譬如加州的沙加緬度。另一方面，也可以靠「清淨空氣法案」，及環保署針對新建和既有發電廠所實施的碳排放標準。最起碼，在談到美國國會將來要考慮周延的氣候政策及直接訂定碳價的時候，這些規定可以提供真正的籌碼。

樂觀是好事。經濟學幾乎稱得上是樂觀成性的學門，儘管它往往被視為是另一種樂觀。成長是好事。貿易是好事。技術是好事。這當中的每一句話都要加上附注，但就只是這樣。很少有經濟學家會認為太陽能板可以扭轉乾坤，但新的技術曾經拉了我們一把，助我們脫離環境泥沼。19世紀末時，新技術解決了差點要淹沒紐約市的「馬糞危機」。內燃機趕走了馬匹和單人馬車，成為載客環遊中央公園的交通工具。當時沒有人預期會有這種發明，而且不需要什麼積極的政策干預：發明汽車＋找石油＝成功了！這樣的突破有可能到來。從人類史看來，總會有突破，這正是我們這個物種仍然存活的原因所在。但期望突破出現，並不能做為策略，這也是為什麼我們要重提策略的重要性，而這在過去也成功過。

對於許多污染物，狀況都是先惡化然後才好轉（今天也會是如此）。在一九六〇年代，克里夫蘭的「凱霍加河」燃起大火時，剛在美國萌芽的環保運動也隨之延燒起來，後來又促成當時的美國尼克森總統簽署「一九六九全國環境政策法案」，以及環保署的設立，而這只是個開始。尼克森接著簽署了「一九七〇清淨空氣法案」、一九七二年的「淨水法案」、一九七三年的「瀕危物種法案」，以及其他次要的法案。十幾項法案充實了「環境的十年」。此後，美國國會在兩黨多數支持下，大膽採取行動。老布希總統簽署了「一九九〇清淨空氣法案修正案」，這些修正案推動了許多措施，其中一項是大幅減少導致酸雨的污染。

這一切都涉及地域性的污染物：造成孩子智商分數下降幾分的汞污染，引起孩子罹患早發性氣喘的煤灰，使孩子們不停流眼淚、使老人家提早死亡的霧霾，以及危害到飲水安全的水中毒素。我們看到、聞到、感受到問題。我們向政府請願，政府做出回應，問題就解決了。

在現實中，當然比這個簡單事件串所呈現的樣貌棘手多了。馬基維利（Niccolò Machiavelli）在一五三二年的著作《君主論》中就寫道：「沒有什麼比帶頭引進新制度更難掌控、更險惡、更充滿未知數。因為改革者面對的，是那些在舊制下已經運作良好的反對者，以及在新制下也許能運作良好的冷淡支持者。」

倫敦在一二八〇年代，就經歷了第一次嚴重空氣污染。一二八五年，英王愛德華一世設立了第一個空氣污染委員會。一三〇六年，他下令禁止燒煤，累犯判處死刑。你可能會認為，有了適度監控和執法，應該能把問題處理好吧。唉，可惜法律沒多久就被廢除——自此又繼續燒煤。

先別管這些亂糟糟的局面。為了方便討論，我們不妨假設，在看到法律敲下小木槌之前，處理傳統污染物就像「見什麼、說什麼」一樣容易。

可是，氣候變遷並不像地域性的空氣污染，它終究是比其他環境問題更具全球性、長期性和不確定性、而且更不可逆轉的問題。慣常的政治手段不管用。其中一個原因是，我們甚至對這個問題的看法都不一致。在大多數人很清楚惡夢降臨的時候，馬丁·路德·金就有他自己的夢想。如今我們似乎還沒有站在氣候變遷的前線，起碼在美國還沒有。

對於氣候，我們不可以這麼做

不管是控制大氣層運作的基礎化學與物理機制，與人的行為有關的經濟學，還是與管理眾人之事有關的棘手政治學，這一切知識都是要我們相信，情況在好轉之前會變得更糟。排放進大氣中的二氧化碳，會留住熱能，強化溫室效應——溫室效應是在一八二四年發現，一八五九年在實驗室裡證實，一八九六年進行量化研究。

如今，人類已經在大氣中累積大約9千4百億噸的二氧化碳，濃度飆升到400 ppm，目前仍以每年2 ppm的速度增加，而且年增量本身也在遞增。

再來就是最大的問題，而且是個相當獨一無二的問題：這件事之所以持續朝錯誤的方向前進，始作俑者就是我們70億人，最起碼是要為這個總數負最大責任的10億或更多的高排放者。責任在每個人身上，沒有哪個人該成為眾矢之的。敵人就是我們自己，我們所有的人。政治紛亂，要保持樂觀通常很難。

每有一則正面的氣候政策新聞，似乎就有一則負面的報導。的確，印度有每噸1美元的煤炭稅，但每年也有約450億美元的化石燃料補貼。中國雖然有七個總量管制與交易制度的區域試點，但每年的化石燃料資助達200億美元之多。全世界對化石燃料的補貼成長率，是每年超過5千億美元，相當於全世界對二氧化碳的排放，每噸平均補貼了15美元；在大多數的已開發經濟體，補貼較少，而在石油儲量豐富的委內瑞拉、沙烏地阿拉伯、奈及利亞等國，每噸的補貼則多出許多。這當中的每一分錢，都象徵著氣候的倒退。我們根本不是走向適當的誘因，而像是把市場導引到完全錯誤的方向。

我們不會一直採取樂觀態度的另一個原因是，從經濟學的角度看，這是常走的途徑。長久以來，我們都知道需要做些什麼。廢止化石燃料補貼，就是其一，而且現在就要做。推動這項政見會是艱難的考驗。只要問一問奈及利亞前任總統喬納森（Goodluck Jonathan）就會知道，他在二〇一二年1月取消燃料補貼，引發全國大罷工，結果很快又恢復（至少恢復了一部分）。但是，這仍然不會使政策良藥不符合經濟利益。

因應氣候變遷問題的整體政策架構，遠遠不只是廢除化石燃料補貼而已，這個架構現在十分清楚，而且幾十年來也一直很清楚。

氣候變遷問題的解答

沒有人會因為找出氣候變遷問題的解決之道，獲頒諾貝爾經濟學獎。提出解決方法的那位經濟學家，在第一座諾貝爾獎頒發之前十年就過世了，而且瑞典人不會再追授獎項。英國經濟學家皮古（Arthur C. Pigou）曾指出了普遍的問題和解決辦法——如今稱為「皮古稅」。它的主要理論大致是：今年排放的350億噸二氧化碳，代表每個人對地球造成了價值至少40美元的破壞，可能還要更多。正確、可說是唯一正確的做法，是根據二氧化碳排放造成的破壞來訂定每噸碳價。

普通美國人的碳排放量大約是每年20噸，這樣就是20乘上40美元，也就等於每人每年至少800美元。但是，沒有人提議要每個美國人在年底時寄上一張800美元的支票。事實上，重點也不在此。每當我們開一次空調或加滿油箱一次，都該面對適當的誘因。每噸二氧化碳40美元，就代表汽油每加侖35美分。皮古的重要見解是，我們在加油機旁就應該看見、並支付這些成本，這是製造適當誘因，讓我們把全部成本納入日常決策的唯一途徑——還可避免私人享受利益、卻讓社會付出成本的情況發生。

像這樣訂定二氧化碳價格，結果會是減少燃煤、石油、天然氣的使用，我們會減少排放量。說得具體些，有了適當的碳價，我們就會製造「最適」排放量。這個量不一定要是零。它一定會比現在少得多：普通美國人每一點五天排放到大氣中的二氧化碳，相當於一個人的體重。

這是概略的政策解決方案：為碳排放量給個適當的價格，反映真正的社會成本。

我們可以透過徵稅，或是創造明確的碳排放交易市場：限制總排放量，為主要排放者指定配額，然後讓他們交易這些配額，建立碳排放的市場價格——「總量管制與交易制度」。在未考慮不確定性的理論狀況下，這兩種做法產生的結果完全相同。不過，經濟學家喜歡針對實際上哪種做法較好，進行長篇大論式的討論。

徵稅比較單純，有人會這麼推論。但不對，它不會比較單純，只要看看上千頁的美國稅法就知道了。

徵稅會讓碳排放價格上漲，這正是我們需要的。現在是這樣沒錯，但總量管制與交易制度會限制排放量，這是最終目的。如果能夠花較少的錢讓排放量減少，那就更好了。

徵稅可提供價格確定性。也許是，假設沒有政治操弄的話。但首先，任何一種總量管制與交易制度的設計，都有可能把價格確定性考慮進去，這就像訂定價格下限和條款，防止價格超出某個範圍一樣簡單。更重要的是，即使欠缺這樣的設計，總量管制與交易價格仍舊會有合理的變動：在碳排放配額需求量低時，價格下跌，而在企業大量投資、同時保證總排放量減少達到上限時，價格就會上漲。

但如果總量管制與交易價格飆漲，或是慘跌到零，整個制度就名譽掃地了。電價飆升可能會讓市場管制鬆綁長達幾個世代。當然是，但我們此刻不是在談價格飆升，若真的發生了，我們也會期待看到比預期低得多的價格，因為業界往往有辦法以創新的方式，讓遵循成本比原先設想的要低。

徵稅可讓其他措施發揮作用，譬如統合平均燃料效能標準。在限額之下，這一類互有重疊的規定可能只會轉移排放量，而不是真正減量。這麼說有道理，但這只彰顯了一開始就制定上限的重要性。有了上限，其他這些措施幾乎就是不必要的了。

這是目前的討論狀況，只不過還沒有最後的定論。最新的理論見解指出，徵稅可能會使國際協調容易些。至少在理論上，協商出單一稅率，且稅收由各國保有，可以極其微妙地徹底反制搭便車問題的效應。

倘若所有人都贊同每單位二氧化碳的單一稅率，那麼增稅對我的直接不利影響就會是，我使用高碳能源的成本會增加，但這也會帶給我好處，因為其他人同樣要減碳。相反的，單單只是協商出上限，明顯會鼓勵人們想要定個較不嚴格的上限。協商出全球單一稅率，達成的目標可能較接近全球性的最佳結果。當然，這還沒牽涉到政治面，而政治仍是最大的障礙。

現在只要記住，無論在理論上或是實際上，徵稅和總量管制與交易制度都貫徹了皮古所預見的，排碳者在排放溫室氣體時要付費，因此就會開始減量。對大多數經濟學家來說，只要做得恰當，碳稅或總量管制都行。

接下來我們就可以沒完沒了的，討論該如何在現實生活中落實。瑞典人在一九九一年如何設法通過舉世第一個碳稅？為何法國人在二〇〇九年立法失敗？為什麼歐洲有全球第一個主要的碳總量管制與交易制度？美國怎麼晚了這麼久？大家應該做到每噸碳排放最少付40美元的時候，為何美國人仍在補貼化石燃料，總計全球每噸二氧化碳補貼15美元？

許多領域對這幾個問題都說得出一番道理。政治科學家、心理學家、社會學家、氣候科學傳播者，全都以各自的版本提出了這個關鍵問題：如果（既然）科學已經告訴我們問題如此嚴重，為什麼大家沒有採取相應的行動？

原因之一是，要戰勝那些與皮古和大多數經濟學家心目中理想世界鬥爭的龐大既得利益團體，是極為困難的。光有空談，無法成事。與其高呼「碳稅」或「碳總量管制」，經濟學家不如更有建設性些，著力於現有的：次佳、第三佳、第四佳（以及再次一級）的解決方案，這些方案雖然會帶來各種欠缺效率的意外結果，製造出其他問題，但也能克服極不完美的政策世界中的一道道難關——甚至還可能同時排除既有的不完美政策障礙。

「電網改革」就是很好的例子。基於各式各樣的理由，電價達到平均、獲得補貼，並以人為方式保持穩定，這可說根本不是向家戶和企業傳遞適當訊息——而是傳遞歪曲的電價訊息。訂定出碳價是很好的做法，但電網改革是朝著替能源效率、電力需求回應及再生能源建立公平競爭的機會，向前邁進重要的一步。同時這也是可以且必須在美國國會殿堂之外全面開打的爭戰。政策通常是由各州來制定，這件事本身並不代表將來的政策辯論會較為理智，特別是考慮到，以化石燃料為主的傳統公共設施會面臨多少風險，但這確實意味著，經濟學家應該比標準皮古式觀點更投入於合理碳價的制定。

加油時當場支付汽油價格，是最佳政策與現實面之間的另一個即時論戰點。對於開車的碳排放價格偏低，每位經濟學家的理想解決方案多半是調高汽油價格。不過，首選管制工具卻是提高汽車與貨車的「統合平均燃料效能」（CAFE）標準，而不是把美國聯邦汽油稅從一九九三年以來的每加侖18.4美分，調升到較接近最適稅額。嚴格的統合平均燃料效能標準，可能是歐巴馬總統第一個任期內，對氣候影響最大的新規定。統合平均燃料效能標準的成本效益如何，大家看法不一，但很確定的是，提高統合平均燃料效能標準是可能做到的，儘管調升汽油稅是理論上的最佳政策解決方案。同樣的，經濟學家理應參與統合平均燃料效能政策辯論，而不只是把握機會喊一喊「汽油稅」就算了。

在這本書裡，我們不會加入這兩種活動。我們不會一逮到機會就重述「汽油稅」、「碳稅」、「碳總量管制」這些口號。我們也不會一頭栽進電網改革、統合平均燃料效能標準及其他政策措施的紛亂世界，這些政策措施是非常必要的，需要理智的經濟思維。

比過去面臨的任何考驗更嚴峻

相反的，我們會回歸到基礎經濟學，鎖定兩個讓我們跳脫普通爭論話題的主題。特別是，我們會把重點放在與不確定性有關的經濟學以及地球工程上，這兩個主題會讓人很不自在、容易引發激烈爭議，而且是了解氣候變遷為何與我們所有人切身相關的重要切入點。這兩個主題也讓我們清楚看到，為什麼必須現在就要行動。

氣候變遷涵藏了一些難解的不確定因素，有時根本察覺不到。為什麼氣候模型無法從3百萬年前的二氧化碳濃度值，預測到當時的海平面比今天高出20公尺、駱駝棲居在加拿大，而這兩件事是地球真正經歷過的？簡言之，我們並不知道。然而，不確定性不能當成無作為的藉口。我們必須趁著還來得及做的時候，解決氣候問題。

這是個極難以解決的問題，而且若不解決，它就會毫不客氣地全力撲向我們。這將是我們最後的處境：同時又伴隨著對於「地球工程」的憂慮。我們所知道的人類行為和無作為，讓我們相信，這世界必然會面臨一些痛苦的抉擇，除非政治領導者果決而盡快鼓起勇氣，採取行動。相信科技（地球工程）能夠再次讓人類社會和地球從最糟糕的全球緊急狀況中脫困，可能是很愚蠢的想法，但這正是我們此刻走向的世界。

要談地球工程，就像談「不確定性」一般，很難安撫人心。一定不會。這當然不是不去制定合理氣候政策的藉口，正如我們不能因為實驗室做出了可能有效的肺癌藥物，就開始抽菸。對於地球工程的憂慮，應該是吹響行動的號角。要果決，而且要盡快。

我們會在適當的時候回來談關於不確定因素的經濟學——厚尾，以及地球工程。但首先，我們要很快地介紹一下其他有關氣候變遷的經濟學基本概念，以及當前爭議的概況，去看看那些未知、不可知、有時簡直很嚇人的事實。

2

CLIMATE SHOCK

氣候變遷關鍵詞

現在全球海洋的酸度，已經比一九九〇年正式開始進行量測時增加10%以上，可能也比工業革命初期高出25%。

「浴缸」——

(1)可盛水、通常附了水龍頭和排水孔的缸形容器。

(2)過度使用的類比：把水比作二氧化碳和其他溫室氣體；企圖讓牽涉到各門科學的複雜問題看起來像每天例行的打掃工作。儘管如此，氣候學家及所有的人時時以此提醒自己這件事的重要性，倒也很明智。氣候政策的重點就是要讓浴缸裡的水位下降。

像「地球大氣層」這麼大的浴缸，管理起來十分困難，沒有人控制得了流入量或流出量。70億人口的行為界定了人為造成的流入量，而決定流出量的主要是自然的行為。當然，人類甚至也能影響流出量：舉例來說，砍伐森林會堵塞排水孔，種樹造林卻可疏通。

二氧化碳含量有季節性的自然波動：北半球陸地較多，因而植被也較多，就表示在北半球的生長季，二氧化碳含量會下降，等到北半球的深秋和冬季植被大量腐化時，又會再度升高。在沒有人為干涉之下，一整年的流入量和流出量會大致保持平衡，但自工業革命之來，情況就不復如此了。

全球二氧化碳濃度在任何一年的季節性自然變化量，大約是5 ppm。目前的增加率，是每年超過2 ppm。三年內的化石燃料排放量，高於全球的季節變化量，而2 ppm的年增加率本身仍在遞增。單憑這件事，就凸顯了浴缸類比的重要性。

不妨回想一下我們在第一章提過的，對麻省理工學院研究生所做的那項實驗；使排放量保持穩定，不讓排放到大氣中的二氧化碳逐年增加，這樣還不夠。我們必須把排放量減到接近零，才有辦法開始讓濃度下降。這正是氣候衝擊最具衝擊性之處。光是要減少二氧化碳流入大氣中的量，已證實困難重重，已經存在於大氣中的過量二氧化碳就更別說了。

國際能源總署估計，在航向沒有做出顯著修正的情況下，全世界目前會繼續朝著溫室氣體總濃度增加的方向發展，在二一〇〇年達到700 ppm，而且濃度只會循著這個軌跡進一步升高。

國際能源總署把這條軌跡稱為「新政策情境」（New Policies Scenario），也就是相信各國政府的各種減碳承諾會兌現，並假設「會繼續支持再生能源與能源效率，越來越多國家訂定碳價，以及部分取消化石燃料補貼。」相較之下，全球二氧化碳濃度已經衝過400 ppm，若把京都議定書列管的其他溫室氣體都計算在內，則會達到440和480 ppm之間。除非看到全球碳排放出現急劇的轉變，否則浴缸還是會繼續加滿一段時間。

我們總是期望突然出現某種技術，可以施展奇蹟，關掉水龍頭或是打開排水孔。這是不可能發生的事，至少可以這麼說。最常有人談起的技術解決方案——地球工程，有時可以理解成：擋掉一點太陽，讓地球降溫。這真的不可能。這個對策只治了標——升高的氣溫，但沒治本。它對水龍頭和排水孔都不會產生影響，也改變不了實際水位。此外，想藉著把更多污染物送進平流層的方法來處理污染問題，可能會產生一大堆預料不到的後果。

有一項技術，也許有助於大幅打開排水孔，那就是直接從大氣中把碳吸除。這項技術有各式各樣的名目：「空氣捕集」、「直接除碳」或「二氧化碳吸除」等。令人困惑的是，有些也自稱為「地球工程」，這真是錯誤的用詞。此技術的特色正是能根治問題，而不只是治標之計。這是好事，卻也表示過程會很緩慢，而且（起碼到目前為止）價格昂貴。有幾家公司開始申請專利，想好好利用訂定碳價的機會，為這項技術創造誘因。但我們必須訂出碳價，否則這項技術就不會發生。從本質上來說，燃燒碳＋除碳，比只有燃燒碳還要貴。

文明的突破

這就解釋了人類為什麼會走出洞穴，馴養動物，發明輪子，興建城市，開車——最後是搭飛機，穿梭各大洲之間，下載串流影片到行動裝置上。我們比前人還長壽、生活更舒適，這一切都要歸功於人類的獨創力。新的突破將再次為我們化險為夷。也許會。也或許不會。今天的創新節奏太快，史無前例，因而很難以過去的經驗為依歸。此外，也有一些跡象指出了兩種走向。

有些污染問題會消失，是因為握有污染物專利權的獨家公司，發明出對環境無害的替代品，儘管如此，也有政府共同採取行動（請參閱後文「蒙特婁議定書」一段）。然而，有些污染問題似乎永遠不會消失（參閱後文「京都議定書」一段）。坐著等待有所突破，雖是往好處想，但我們也必須做出最壞的打算。事實上，比起祈求世人得救，我們還可以做很多事。問題本身與解決之道，都明擺在眼前。

二氧化碳

這是問題所在。至少是最主要的問題。

其他的溫室氣體譬如甲烷，以及工業廢氣像是氫氟碳化物和黑碳，在較短的時間尺度下，譬如數年或十到二十年，會有顯著的影響。然而，與最終升溫幅度最密切相關的仍是二氧化碳。

嚴格說來，水氣的效應其實比二氧化碳來得大而廣。但那是離外話，因為水氣不是我們可直接控制的。這個化學連鎖反應，是從二氧化碳推向氣溫上升，再產生更多水氣。到頭來，問題仍然歸結到二氧化碳。

碳價

這是解決之道。至少是最主要的解決辦法。

有許多其他的解決辦法，不過大多數都是在嘗試以各種形式為溫室氣體排放訂定價格。有些方案設法把價格訂得直接而便宜，其他方案雖然訂得比較高，但也較不透明，因而在政治面上有時較容易接受。然而沒有任何一種方案，能夠像直接重新導入基礎經濟力量這麼有效率——從一開始就對碳定出上限或徵稅。

此外還有一個重要的可能方案，往往沒有得到應有的重視：補貼低碳技術。

引導式技術變革

在屋頂裝設第一片太陽能板，既花時間又花錢，但裝到了第一百萬片時就又快又便宜了。關鍵在跨過剛開始的難關。最佳政策是：補貼創新——說得具體些，就是「邊做邊學」。

美國加州的太陽能計畫（Solar Initiative），就是這類政策的絕佳例子：初期會提供補貼給裝設者，不久之後就會收回補助。獨立分析說，這項計畫已經成功了。

也不是所有的補貼都是好事。補貼常遭濫用和盜用。一旦開始推行，補貼往往會持續到超出本身的有效年限。高達5千億美元的全球化石燃料補貼，就是很好的例子。當初補貼化石燃料，可能有很好的理由——早在世人意識到氣候問題之前。如今用於淨化技術的那些理由，過去也用在石油、煤和天然氣上：龐大的潛在效益面臨了看似難以克服的障礙。馬和馬車或鯨油的遊說團體說，既得利益團體千方百計不讓新興產業立足。然而，事情遲早會轉變。市場和政府利益開始看好新興產業，這表示補貼差不多該停止了。「幼稚產業保護」不再適用。如果有的話，現在的任務轉向打破壟斷，就像一百年前發生在標準石油公司（Standard Oil）身上的案例。

儘管有這些告誡，邊做邊學的正面非預期影響，就和二氧化碳的負面非預期影響一樣真實。要修正二氧化碳的非預期影響，解決之道很清楚明確（參閱後文「碳價」一段），至於修正邊做邊學的非預期影響，就要靠補貼。整個過程可以總括為：引導式的技術變革。

氣候科學進程

一八二四年，發現溫室效應。
一八五九年，在實驗室裡證明了溫室效應。
一八九六年，對溫室效應做出量化研究。

一九七九年，為「氣候敏感度」這個極其關鍵的度量確立了如今所採用的範圍。

氣候敏感度

大氣中的二氧化碳濃度若增加一倍，全球平均氣溫一定也會升高。升溫的幅度，就叫做「氣候敏感度」。但問題是，我們不知道確切的數字。

儘管氣候科學有許多進展，氣候敏感度的範圍似乎一直介於1.5至4.5℃，至少從一九九九年以來一直是。對這個範圍本身的信心水準已經增加了，而在二〇〇七年到二〇一三年間甚至把範圍縮小到2至4.5℃。低溫似乎被淘汰了一段時間，各地都有壞消息。但把這些再加進來，也不算好消息。這僅只表示，不確定因素比過去認為的還更根深柢固。氣候敏感度的確切數字，可能永遠不得而知，或者說，就算在未來幾百年知道了，也為時已晚，對我們沒什麼用處。

為了增加危機感，1.5至4.5℃這個範圍，只是氣溫在二氧化碳濃度增加一倍之後的「可能」變化結果。我們可以預期最後數字會落在這個範圍內，但完全沒把握。「可能」的精確意思是指，落在這個範圍的機率最起碼是66%。反過來說，這也暗示有高達

34%的機率是低於或高於這個範圍，而且超出的機會更大。就在這裡，不確定性開始發揮作用。我們也要請各位稍候片刻，下一章談到「厚尾」的時候，會談得較為仔細。

DICE模型

基於氣候預測本身帶有的不確定因素，我們很容易斷定一切就是無法預料。這顯然不夠好。諾德豪斯（Bill Nordhaus）提出的「動態整合氣候經濟」（DICE）模型，正是想找出解答的各種嘗試當中最重要的一個例子。這個模型是以氣候和經濟之間的權衡為出發點，來計算二氧化碳排放的最適途徑和價格。

從許多方面看，DICE模型就只是工具，要靠其他人先做出假設，才能丟出最佳的碳交易價格。諾德豪斯自己偏好的假設，訂出的價格是現今每噸碳排放20美元上下。目前最好的數字，也許要屬美國政府協作下所做的一項重大努力。這個價格是現今大約每噸40美元，這個數字是三個模型的平均值，包括DICE模型在內。這是很好的起點，但仍然未能評估全球暖化的全部成本。

這些根本的模型盡力取得了「已知的已知數」，即使如此，還是遺漏不少訊息。根據定義，這些模型並未收集「已知的未知數」，而正如我們經常看到的，決定最終結果的很可能就是這些「已知的未知數」。如此一來，40美元也許只能視為碳排放的社會成本下限，未列入的大部分訊息會再進一步拉高這個數字。

外部性

這是經濟學家形容「問題」的另一種說法。是在市場失靈、任其發展的時候。外部效應分成兩種：一是正面的，一是負面的。

邊做邊學是正面外部效應的很好的例子。如果沒有附加誘因，發明人就不會考慮到他們的發明可帶來更大的益處，因而發明得太少。（可參閱「引導式技術變革」一段。）

氣候變遷是所有負面外部效應之母。全世界70億人每年排放數百億噸二氧化碳到大氣中，成本很高——每噸最少要40美元，但二氧化碳排放者並沒有直接付出成本。（請參閱本書的其他各章節，除了以下「隨便開」那一段。）

「隨便開」

二氧化碳是問題所在，訂定合理價格是解決之道。然後還有：「刻意而大規模的操控某種環境程序，這種環境程序會影響地球的氣候，目的是要抵消全球暖化的影響。」這是《牛津英語詞典》為地球工程下的定義，而且照例解釋得很好。有些方案是在試圖從大氣中移走二氧化碳，但我們不是。

相反的，聽到「地球工程」的時候，你可以想一下類似火山爆發的景象：把二氧化硫（及大量泥狀物質，如果是火山爆發的話）噴進平流層，以便反射陽光，降低溫度。印尼「坦博拉火山」在一八一五年發生了超大規模的火山爆發，導致一八一六年成為「無夏之年」，據某些說法，這次火山爆發造成全歐洲有20萬人死亡。據其他說法，瑪麗．雪萊（Mary Shelley）和波里道利（John William Polidori）被迫待在他們的瑞士度假小屋內，結果分別寫出了《科學怪人》和短篇小說〈吸血鬼〉。又有一說則是，〈吸血鬼〉後來又幻化成《德古拉》。

實際的地球工程計畫，與猛烈的火山爆發或《科學怪人》、《德古拉》幾乎扯不上關係。

大多數的地球工程計畫，主要涉及可管控的小規模做法，也就是把硫酸蒸氣或其他的含硫微粒噴進高空，來抵消全球升溫。這類型的地球工程有個重要特點：它很便宜——總之從執行「噴灑」者所需承擔的成本的狹隘意義上來說，它是便宜的。不過地球工程有諸多潛在的問題，但「成本」不是它的問題。這就是所有負面外部效應之父，又稱為「隨便開效應」。

粗糙採用地球工程方案來控制地球溫度，成本便宜到一人或一國的聯合研究結果就有可能做到。徵召一支小型高空機隊，每年把硫粒送進高空，花不了多少成本。火山就是以自然的力量做這件事。菲律賓皮納圖博火山最近一次噴發是在一九九一年，結果使隔年全球氣溫降低了大約0.5℃。除非全世界從源頭就採取行動，控制溫室氣體的排放，否則我們很可能會在不久的將來，看到一個由地球工程改造過的地球。

這種低直接成本與高槓桿作用的結合，讓隨便開效應幾乎就是略過問題始作俑者的負面對策。

搭便車

最關鍵的全球議題，是全球暖化。這是以鄰為壑的極端案例，只不過70億人全是我們的鄰居。假如你的舉動要花掉的成本高於你個人從中得到的效益，那為什麼要採取行動？你的舉動的總效益，可能會超過成本，但這些效益要和其他70億人分攤，而全部的成本卻由你承擔。同樣的邏輯也適用在其他所有人身上。太少人要去做那些會帶來共同利益之事，其他人都是在搭便車。

小範圍的搭便車問題，確實能透過社區參與及其他非正式約定來解決。歐斯壯（Elinor Ostrom）就是因為提出這個獨到的見解，獲頒諾貝爾經濟學獎。幾百年來，瑞士阿爾卑斯山區的農夫都會把牛趕到公有牧場上，從沒有過度利用他們的共享資源。祕密在於，這些農夫的生活不是只有爭奪界線不明的放牧權利，他們還會在市集、學校和教堂碰到面，他們的行為會影響到自己所認識的人。類似的情形也適用於村莊地下水、社區經營的水產，及許多其他規模較小、較容易管理的潛在搭便車問題案例。

全球暖化就不同了。成千上萬、甚至上百萬的堅定環保人士，身體力行把碳足跡減到最少，但只靠一己之力成不了太多事。雖然堅守目標的人有辦法盡力把個人的碳排放減到零，但距離我們必須達到的目標仍很遠——鑑於目前的技術，要把碳排放減到零是不可能的，也不用期望能做到。這些數字不會相加。除非環保人士運用集體的政治權力，把政策指針轉到正確的方向，指向訂定碳價，數字才會開始相加。

不可逆轉

這是個相對的概念。極少數事件是真正的不可逆現象。但氣候變遷牽涉到的時間尺度大到數十、數百年，因此許多效應很可能是不可逆轉的。幾百幾千年來，留在大氣中的二氧化碳越來越多，要使碳濃度降低十分困難。想一想浴缸的比喻：大氣中有大量的二氧化碳，但排水孔很小。

這一切又加深了其他的不可逆現象，像海平面上升。的確，南北極以前也曾經沒有冰層覆蓋，即使這次冰層全部融化了，只要二氧化碳濃度最後能降到工業化之前的水準，就一定還會再結冰。但是，再次結冰需要經過幾百甚至數千年，這對那些會影響當前或往後幾個世代的現況，根本於事無補。單靠格陵蘭與南極洲西部的冰層，就足以使全球海平面上升超過10公尺，這直接影響到至少十分之一的全球人口，也間接影響到幾乎所有的人。

需求法則

價格上升，需求量就會減少，這很接近經濟學家會得出的「法則」。

這個法則只有一個看似例外的情形，而且只出現在窮得飢不擇食的情況下。在中國南方貧困農村的窮人吃大量米飯，他們和其他人一樣，富裕之後也會想多吃肉類，但在米價上漲時，有些人就少吃點肉，改成多吃米飯配蔬菜。在這種情況下，米飯就是我們所說的「季芬財」，它以季芬（Sir Robert Giffen）的名字來命名，據說他在維多利亞時代的窮人身上觀察到類似的行為。但就本書討論的內容而言，這些都不太相干。

對幾乎所有的財貨來說，價格上升時，需求量確實會減少。對於不好的財貨，這種關聯也會成立——這就解釋了香菸為何要課稅。此外，這個法則指出了最顯然的解決方案：訂定碳價。當碳排放價格上升，碳排放量就會減少。

海洋酸化

這是大氣中二氧化碳濃度不斷上升造成的重要結果之一，卻也是經常被忽略的結果。我們排放的二氧化碳，最後大部分會跑到海洋中，使海洋的酸度升高。

現在全球海洋的酸度，已經比一九九〇年正式開始進行量測時增加10％以上，可能也比工業革命初期高出25％。總增加量（以百分比來計）雖然比不上大氣中二氧化碳濃度增加的40％，但酸度的微小改變卻會造成很大的變化，而且酸度變化再也不是小幅度的。如今海洋酸度升高的速度是5千6百萬年前的十倍，最近一次海洋生物的大量死亡就是在那段期間——5千6百萬年前正是地球從古新世邁入始新世的時期。造成大量死亡的近因是什麼？就是二氧化碳驟增，以及全球氣溫突然升高6℃。

我們對於海洋變酸的全面影響，知之甚少，一般也不會把5千6百萬年前部分海洋生物的大量死亡，視為像6千5百萬年前讓恐龍絕跡的巨型小行星那麼重大。確實有一些海洋生物死亡了，但其他水中生物仍繼續存活著。這種保證很薄弱。

比方說，假如你是貝類及甲殼類動物，海水變酸就是特別壞的消息，因為你的外殼在這種海水中根本無法生長，不過，要確切指出更大、甚至較間接的影響，可就難了。

於是有人提出「**增加鹼度**」這種直接的地球工程方案。在海洋中添加夠多的碳酸鈣粉末（也就是磨碎的石灰石），會使海洋酸度降低。問題是，假如進一步做下去，又會使海洋吸收更多二氧化碳，然後開始反覆循環。更麻煩的是，現階段討論的任何一種方法往往相當昂貴，非常不同於那種想模仿皮納圖博火山爆發，來替全球降溫的地球工程本身就帶有的隨便開效應。相反的，這些方法與減碳所需的成本較為接近，如果沒有高於的話。既然事實是如此，何不把精力放在減碳就好呢？這麼做既能處理海洋酸化，又能解決暖化問題。

京都議定書

它的全名為「聯合國氣候變遷綱要公約京都議定書」。

很少人聽過全名，不過這很重要。其中的「聯合國氣候變遷綱要公約」（UNFCCC），才是法律行動所在。UNFCCC是在一九九二年里約熱內盧地球高峰會通過產生的，由195國正式批准，包括美國。UNFCCC向我們提出了臭名昭彰的這句話：「將大氣中溫室氣體的濃度穩定在防止氣候系統受到危險人為干擾的程度。」儘管這個綱要公約是必須遵守的協定，但上述這個目標似乎早就不復存在，而且萬一你所居住的島國因海水上升而消失了，你其實不太清楚可以去控告誰。

京都議定書本身則是另一回事，和UNFCCC完全不同。其中一點是，美國雖然簽署了，卻從未正式簽訂。加拿大正式簽訂了，但後來退出。歐盟也正式簽訂了，目前仍持續遵守議定書所訂的遠大氣候目標。很遺憾，這根本不足以解決全球的問題，尤其是考慮到中國和印度都沒有受京都議定書的約束，正式承諾減少排放量。

就最純粹的意義而言，全球的問題需要全球的解決方案，這等於是要制定出合理的氣候政策，把70億人引領至較為永續的道路上。在一定程度上，這帶來了一絲希望，因為這表示將近195國不必全部投入各自的強效政策。分攤問題的方法非常多，但大部分的全球溫室氣體排放量，實際上就只來自少數的主要碳排放國。把美國、歐洲、中國、印度、日本、俄羅斯、局部的巴西和印尼（也就是與林業有關的大部分國家）加起來，就占了超過六成的全球排放量。該如何解決每一塊是另一回事，但起碼這不是一幅要由大小不一的195塊碎片來拼湊出的拼圖。

事實上，這當中的每個國家和區域都浮現出希望，政策轉向不再是「做或不做」的問題，而是「何時要做」。時間當然是第一要素，當務之急就是加快歷史的進程。

蒙特婁議定書

全名為「蒙特婁破壞臭氧層物質管制議定書」。

這份議定書簽署於一九八七年，普遍認定為環境議題上最成功的事例之一，許多書上都在分析它成功的原因。

完整的事情經過很複雜，簡單說是這樣的：針對一些破壞臭氧層的氣體擁有許多專利的「杜邦」公司，發現如果他們使用比較不會破壞平流層臭氧的替代物，是有商機的。利潤動機與給人良好感覺的公關形象，快樂結盟。幾乎是一夕之間，杜邦決定要一百八十度改變立場，結果雷根總統主政的美國政府也很快改變了態度，通過並正式簽訂了這份要讓不良氣體逐步淘汰的國際協定。臭氧層破洞已經逐年縮小，預計本世紀中葉可完全修補起來。危機解除。

這對臭氧層是好事。但現在我們知道，這對氣候來說卻也是壞事。蒙特婁議定書管制的是氟氯碳化物（CFCs）及氫氟氯碳化物（HCFCs），而杜邦當初發現，氫氟碳化物（HFCs）可做為替代物。很不幸，氫氟碳化物造成溫室效應的能力，是二氧化碳的1百至1萬倍以上。幸好那只是少量使用，但這不代表我們不該減少使用量。而且要快。可惜的是，氫氟碳化物並不屬於蒙特婁議定書的列管物質，而是受京都議定書的管制。一切又回到起點。

蒙特婁議定書的成功確實指出了一個重要的教訓：改變其實是可能的。氣候問題也許比臭氧層破洞更難對付，但不表示氣候變遷是無法控制、甚至失控的問題。這需要共同的努力和前所未有的政治領導能力，但我們也有很好的理由，可解釋每一個氣候預測為何都有個免責聲明：即將發生這些事，除非人類社會改變走向。臭氧層破洞並沒有變成幾位優秀科學家預測的那麼嚴重，原因不在於那些科學家說錯了，而是因為全世界真正做到齊心協力，在問題嚴重惡化之前及時採取行動。

這也同樣適用於氣候變遷。只要有心，全世界就有可能控制住大局。政策可以、也應該要帶領人類，去讓最駭人的氣候預測變成錯的，因為我們的社會將來會對最危急的警訊做出回應。

存在於所有經濟學家基因裡的概念。很少有真正的絕對事物。絕對禁止有時候是有道理的，就像我們從蒙特婁議定書有效禁止氟氯碳化物的例子所看到的，不過，禁止往往也需要高成本。完全禁止二氧化碳排放是不可行的，花費的成本太高了。

權衡

在這個問題上，最相關的權衡之一可簡單概括為「成長與氣候」。無可否認，歐美從工業革命以來經歷過的經濟成長，以及中國、印度等國家目前正在經歷的經濟成長，都會帶來難以說清楚的成本，這當中最高的成本，或許就是未曾趨緩的氣候變遷。

成長與氣候之間的這種權衡，不好的一面在於，一定會有個可讓效益與成本取得平衡的最佳途徑。理論上，的確有。但實際上最大的問題在於，是不是真能找到一個全面的效益成本分析，來解釋這一切。關於嘗試做出這種分析的模型，可以參閱「DICE模型」一段。不過，要是不確定因素非常多，使任何一種金錢上的估計顯得毫無價值呢？

不確定性

回想一下氣候敏感度的「可能」範圍，也就是一旦二氧化碳濃度增加一倍，全球平均氣溫的可能升溫程度。很可能是由落在範圍外的「不可能的」數字，來界定最後的結果。那可不是好消息。

3

CLIMATE SHOCK

厚尾

這麼高的氣候敏感度，不管發生機率多大，都令人（被熱到）渾身顫抖。

政府間氣候變遷專門委員會（IPCC）在一九九五年聲明，全球暖化「有可能」是人類活動引起的。到二〇〇一年，這個說法變成「很可能」。到二〇〇七年，變成「非常可能」。到二〇一三年，又變成「極其可能」。IPCC官方說法距離「幾乎可以肯定」，只差一步。

最大的問題是，全世界到底要多肯定，才會採取力道足以對抗艱巨挑戰的行動。

同樣重要的問題是，這些措詞是否傳達了應該傳達的訊息。人為氣候變遷的可能性越來越大，這有三個層面，只有一面是好的。

第一件壞消息是，我們人類正是促成全球暖化和海平面上升的元凶。假如二〇一三年的報告斷定自始自終是科學弄錯了，那真的是可喜可賀。你可以想像一下這個《紐約時報》標題：「IPCC稱十年『沒有暖化』已廣為接受」。唉，哪有這等好事。現代大氣科學再度證實了我們在高中物理化學課學到的，可回推到19世紀的基礎觀念：大氣中的二氧化碳越多，保留在大氣中的熱能也越多。

從某種怪誕的哲學意義來說，好消息就是，壞消息得到了證實。過去幾十年的氣候科學進展，讓我們能夠斬釘截鐵地說出，全球暖化極其可能是人類活動造成的。我們知道得夠充分了，足以採取行動。如果現在仍漠視這樣的現實狀況，就等於是刻意無視。

不過還有一件壞消息：這些措詞傳達了不真實的安全感。至少從一個重要標準來看，我們對於人為造成的全球暖化程度，似乎並沒有比近代氣候科學剛起步的一九七〇年代（距離第一份IPCC報告出爐還早得很），有任何更深入的了解。更嚴重的是，從那之後得知的訊息全都指出，一旦發生最為極端的狀況——分布的尾部——其他狀況可能就只算是小巫見大巫了。

敏感的氣候

一八九六年，瑞典科學家阿瑞尼斯（Svante Arrhenius）計算出，大氣中的二氧化碳含量增加一倍時，氣溫會產生什麼變化——那個年代比布羅克（Wally Broecker）創「全球暖化」一詞，要早八十年，也根本還沒有人知道氣候模型是什麼。阿瑞尼斯算出的範圍是5至6℃。大氣中二氧化碳含量加倍對氣溫的效應，從此就稱為「氣候敏感度」，也成為具代表性的衡量標準。

氣候敏感度本身已經是一種妥協，是讓極其複雜的議題處理起來稍微容易的方法。這種參數確實有幾項優勢，舉例來說，大氣中起初的二氧化碳含量多少無所謂，至少影響不大。其中一項公認的事實是，最終全球均溫會隨著二氧化碳濃度的百分比變化量而線性增加。大氣中二氧化碳增加量的最初1％和最後的1％，對氣溫的影響差不多。濃度增加一倍，不管是從合理範圍內的哪個濃度值加倍，最後導致的全球增溫值大致相等。氣候敏感度的定義，就利用了這項事實。

二氧化碳濃度從工業革命前的280 ppm增加一倍，看來幾乎是無可避免的。全球二氧化碳濃度才剛突破400 ppm大關，而且以每年2 ppm的速度繼續增加。國際能源總署預測，若把其他溫室氣體也計算在內，全球在二一〇〇年將會達到700 ppm——這是工業革命前的二點五倍——除非主要排放國額外採取嚴厲措施。

幸好，阿瑞尼斯算出的5～6℃氣候敏感度範圍，後來證明是太過悲觀了。一九七九年，美國國家科學院的「二氧化碳與氣候特別研究小組」推斷，氣候敏感度的最佳估計值是3℃，加減1.5℃。

這裡用「推斷」二字，或許強烈了一點。整個過程通常是這麼轉述的（這裡語帶對於學術專才的欽佩）：研究報告的主要作者查尼（Jule Charney），看著當時兩個突出的估計值——其中一端的2℃和另一端的4℃，直接算出平均值3℃，然後在兩端各加個0.5℃，定出誤差範圍，因為他總得考慮不確定性吧。

後來經過35年更加精密的全球氣候模擬，我們對這個升溫範圍更有把握了，但現在我們所說的「可能」範圍1.5～4.5℃，仍然屹立不搖。那應該是在暗示有某件怪事正在發生。或是發生了什麼更怪的事。

地球賭注

IPCC對於「可能發生的」事件的定義是，發生機率要在66%以上，但這仍然無法告訴我們，最後情況到底是好轉，亦即氣候敏感度較接近1.5℃，還是根本好轉不了，亦即較接近4.5℃。照字面含義來解讀IPCC的說法，落在範圍外的機率最高會達到34%，至於這34%究竟會跑向哪裡，並沒有定論，但看起來，落在4.5℃以上的機會顯然比1.5℃以下更大。見下頁圖3.1。

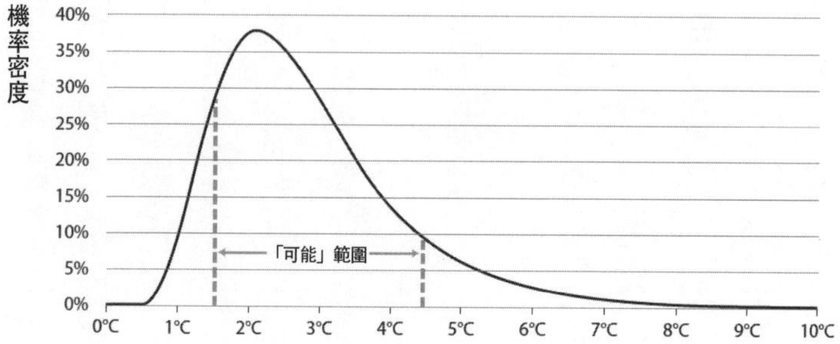

圖 3.1 二氧化碳濃度增加一倍所導致的全球地表平均增溫（氣候敏感度）

如果數字在1.5℃以下，那我們理所當然可以開香檳慶祝一番——最理想的是特地從法國空運一瓶香檳，開瓶時還要再噴出少許二氧化碳。不過，可能性不大。而且，就算達到1.5℃這麼低的氣候敏感度，也無法保證氣候變遷不會惡化。事實上還完全相反：到700 ppm時，最終氣溫可能會繼續升高，超出三百多萬年前的均溫。回想一下棲居在加拿大的駱駝，無憂無慮行走在氣溫比工業革命前高出2～3.5℃、但如今是凍原的大地上。至於我們，則會比工業革命前高2℃，氣候敏感度是1.5℃，這還是可能範圍的下界。

這更凸顯了我們無法排除氣候敏感度高出4.5℃的可能。這麼高的氣候敏感度，不管發生機率多大，都令人（被熱到）渾身顫抖。接下來最重要的問題就是：氣候敏感度的上界升高時，達到這些更高數字的機率多快就會掉到零？你可以想像一種極端的情境就是，氣候敏感度高出4.5℃的機率大於10％，但如果高於4.6℃的機率為零，我們就能排除超過4.6的數字——但願地球有那麼好運。氣候敏感度升高的機率，極不可能這麼快就降到最低——這個「極不可能」是按照日常口語的用法，而不是IPCC的嚴格標準。比較有可能的情況是，達到這些較高增溫的機率，會一路緩慢下滑，直到接近零、不會再出現更極端的數字，才令人鬆一口氣。這種情境很接近統計學家所形容的「厚尾」現象。4.6℃的機率比4.5℃的機率要小，不過沒有小多少。

既然如此，首要的問題就變成：氣候敏感度達到災難程度的可能性有多大？IPCC說，氣候敏感度「非常不可能」超出6℃。這雖然令人寬慰，但根據他們的定義，「非常不可能」代表：機會介於0到10％。而這個範圍仍只是氣候敏感度超出6℃的可能性，而不是實際的增溫值。

讓我們直接跳到結論。就姑且相信最新的共識，假設氣候敏感度的「可能」範圍是介於1.5至4.5℃之間。同樣重要的是，要忠於IPCC對「可能」的定義，假設它是

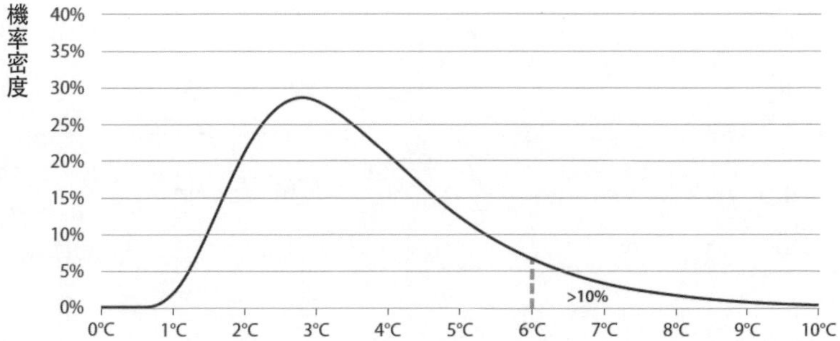

圖 3.2 根據 CO2e 超過 700 ppm 所做出的全球地表平均增溫

指機率大於66％、但小於90％。（後者就會是「非常可能」。）然後，再把國際能源總署對政府目前政策承諾的解釋視為真確的。於是可得到的結論就是：全世界如果再不採取比現階段果斷許多的行動，最後氣溫升高超過6℃的機會大約是10％。

上圖3.2和下頁表3.1是我們分析了大量科學論文，並花無數時間苦思整理之後的成果。表3.1當中的前兩行，代表從大氣中的二氧化碳當量（CO2e）濃度推估出最終增溫值。第三行是最後平均增溫會超過6℃的對應機率值。每當我們必須為未來的方向做出主觀判斷，我們都會試圖採取較保守的態度，這很可能低估了其中牽涉到的一些不確定因素。

最可怕的是，最終增溫超過6℃的機率增加得十分快。比較一下「增溫中位數」和「超過6℃的機率」—這兩者的變化量。從400增加到450 ppm時，最可能發

CO2e 濃度 *(ppm)*	*400*	*450*	*500*	*550*	*600*	*650*	*700*	*750*	*800*
增溫中位數	1.3°C (2.3°F)	1.8°C (3.2°F)	2.2°C (4.0°F)	2.5°C (4.5°F)	2.7°C (4.9°F)	3.2°C (5.8°F)	**3.4°C (6.1°F)**	3.7°C (6.7°F)	3.9°C (7.0°F)
超過 6℃的機率	0.04%	0.3%	1.2%	3%	5%	8%	**11%**	14%	17%

表 3.1 最後增溫超過 6℃的機率，會隨 CO_2e 濃度的增加迅速增大

生的增溫值從1.3℃上升到1.8℃，這個差距可能沒那麼大。中途也許有些不可逆轉的臨界點，但終究只有0.5℃，只上升了三分之一略多一點。

儘管如此，超過6℃的機率（見最後一行）卻從0.04%跳到0.3%，將近十倍。這只是從400增加到450 ppm，而光是二氧化碳，全球就已經超過400 ppm，如果是二氧化碳當量濃度，則是高達400和480 ppm之間！再往上跳到500 ppm，災難發生的機率增加到1.2%。等到濃度高達700 ppm，最終升溫超過6℃的機率提高到10%；700 ppm這個數字，是國際能源總署推估，即使各國政府遵守當前所有的承諾，全球在二一〇〇年會達到的數字。這看起來像是「厚尾」的表現，如果真有厚尾的話（嚴格說來，我們在計算結果中甚至並未假定這個性質；我們的尾部很「重」，而不太像統計上說的「厚」）。

到700 ppm時，增溫中位數會是3.4℃。單單這一點，就是變動個不停的地球本身也會有的重大變化。極區的升溫程度可能是全球平均值的兩倍以上，加上必然發生的一切結果。成本會很驚人，理應老早就促使世界各國領袖防止這種可能狀況了。然而，比起最終升溫萬一超過6℃的可能後果，這種成本根本算不了什麼。發生這種有驚無險災害的機率有10%這麼高，也就使得氣候變遷的成本更加昂貴。

現在我們真的遇上了風險學家塔雷伯（Nassim Nicholas Taleb）所說的「黑天鵝」事件，以及美國前國防部長倫斯斐所說的「未知的未知」。我們不知道氣溫變化最終達到6℃時，會帶來什麼重大後果。我們無法知道。這是一場盲目的地球賭局。極其嚴重的住家火災、車禍和關乎個人的其他災禍，發生的機率幾乎肯定比10%小得多，但大家仍會為了承擔這些可能性微乎其微的災害，去買保險，甚至還有法律規定你這麼做，以防這些成本轉嫁給社會來承擔。像這樣全球尺度下的風險，不應該、甚至要說是絕不可以推給社會。

「絕不可以」是很強烈的措詞。它會讓人聯想到禁止標誌，或用金錢來衡量的話就是——無限大的成本。這和任何一位經濟學家的權衡信念是正面衝突的。全球暖化的成本可能很高，也許比任何人所能想像的還要高。但當然，不可能無限大。

金錢就是一切

「設法估計最終氣溫上升值」是一回事。不過，即使我們知道鳳凰城在二一〇〇年8月某個熱天的氣溫是幾度，但真正讓我們擔心的未必是高溫飆到多高。我們比較關心氣候帶來的各種衝擊，以及社會要為這些衝擊付出多少代價。海平面上升是其中之一，另一個衝擊則是乾旱、颶風這類極端事件，這些天災也許早在升高的海平面逼你遠離家園之前，就會直撲而來。

要指出具體衝擊，是相當棘手的事，本身就充滿不確定因素。有一大堆已知的未知數，也許還會受制於未知的未知數。此外，臨界點和其他讓人討厭的突發狀況似乎埋伏在各個角落，當中有些可能會使暖化加速。沉積在西伯利亞或加拿大永凍層的碳一旦大量釋出，有可能會變成導致全球暖化不良反饋的臨界點。

其他的臨界點對實際氣溫的影響也許沒那麼大，但仍會帶來其他許多衝擊。單單格陵蘭和南極大陸西部的冰融，就已經讓海平面每十年上升達一公分。如果格陵蘭的冰層全部融化了，海平面會升高七公尺；南極大陸西部的冰層若全部融化，會再上升3.3

公尺。這並不是明天、甚至不是本世紀就會發生。IPCC估計，在本世紀全球海平面平均上升最多是一公尺。不過，最後終將全部融化的臨界點，不用多久就會越過。我們可能已經跨越了南極西部冰層全部融化的臨界點。

這些複合的不確定因素，讓事情極難處理——先是從二氧化碳排放量到碳濃度再到氣溫，接著從氣溫到最終的經濟衝擊。但這並未阻止經濟學家做任何嘗試。

諾德豪斯（Bill Nordhaus）是當中做得最好的一位。他提出的DICE模型，從一九九〇年代初期就廣為使用；DICE是「動態整合氣候經濟」（Dynamic Integrated Climate-Economy）的縮寫。好幾代的研究所學生使用這個模型，設法找出問題，做出「最適」全球氣候政策的估算。諾德豪斯自己的碳社會成本估算，從一九九二年首次提出模型以來，持續增加。當初他的氣候變遷最佳經濟應變之道，是以每噸二氧化碳大約2美元做為全球碳稅（以二〇一四年的幣值來算）。這和全球均溫升高4℃甚至更多，是密切相關的。

在經濟成長與氣候穩定的拔河比賽中，當時是經濟成長獲勝了。從那之後，氣候的影響就急起直追，也使得不受限制的、以化石燃料為主的成長越來越偏離最適政策。如今諾德豪斯偏好的「最適」估算，是每噸二氧化碳約20美元。目前算出的最終升溫值，最高是在3℃上下。

定出最適碳價，是一個敏感問題。諾德豪斯正式估算出的20美元，比他在自己書中舉例的每噸25美元平均值還要低。諾德豪斯拿來當例證的25美元，又低於當前美國「中央」政府的估計值40美元左右，這個值來自DICE模型和另外兩個估測模型的綜合計算結果。

上述這些都還沒把尾部適當成本的因素考慮進去，不管是不是厚尾。雖然諾德豪斯算出的平均增溫最大值也許不到3℃，但那是平均值，仍有上升6℃或更高的機會。有些其他的估算試圖認真把不確定性考慮進去。美國政府自己就提出了「第95百分位數的估計」，當作獲得極端結果的替代。最適數值是：今天每噸二氧化碳排放超過100美元。

這樣說來，中央的40美元估計值涵蓋了什麼？是怎麼算出來的？這就凸顯出兩個關鍵問題：一個是相關損失的估計金額，另一個是「折現」。接下來我們會一一探討。

升溫一度要付多少成本？

比較一下斯德哥爾摩、新加坡、舊金山的平均氣候。瑞典冬季漫長，寒冷又昏暗，得等到夏季，平均高溫才會突破20℃。新加坡人沒這個問題，他們的平均低溫比斯德哥爾摩整年的平均高溫還要高。這可就讓舊金山人洋洋得意，還有點困惑不解；他們一年到頭都享有穩定的地中海氣候，「冬天」的時候偶爾會下一星期的雨。儘管如此，這三個地方都是發展蓬勃的大都市，歷史學家甚至會辯稱，這三個城市的興起是因為得天獨厚的地理條件。這樣的話，我們要怎樣才會相信，其中一種氣候真的比較好或比較差？或是要怎樣才會相信，全球均溫升高是要付出成本的？

氣候變遷產生的成本，並不是脫離某種虛幻最佳氣候而產生的結果。斯德哥爾摩的氣溫若能高一、兩度，就比較舒適怡人了。附帶一提，因溫室效應量化研究出名的瑞典科學家阿瑞尼斯，就曾提議也許可以考慮這種做法：多燃燒一些煤炭以便「享有較溫和、較好的氣候，尤其是地球上較寒冷的地區」。

在此我們要為阿瑞尼斯辯解一下，他是在一九〇八年說這句話的，當時他才剛確認溫室效應，但還要過很久以後，大家才漸漸明白，把二氧化碳排放到大氣中的代價可不小。到頭來，微小的氣溫變化要付出的成本，通常就等於改變我們的既有習慣所需花費的總成本，這牽涉到的可不只是瑞典人已擁有的保暖厚外套和新加坡人的空調。巨額投資和工業基礎建設，都建立在當前氣候及海平面高度的基礎上，因而使暖化的成本如此昂貴。

同樣的，真正重要的並不是氣溫本身，而是溫度升高必然帶來的效應。其中一項是海平面上升，最主要的威脅就是暴潮——由於氣候變遷的影響，到那時暴潮的強度會變得更強，發生得更頻繁。海平面上升對我們的將來影響甚巨，上述這些都只是十分「平常」、中度的影響，還沒把厚尾或其他不利的局面考量進去。

在模型採用最新的科學數據，把可能因氣候變遷而造成的更多損害量化之後，估算出的碳排放成本增加了。DICE模型一直不斷追趕最新的科學發展。二〇一〇年，美國政府對二〇一五年碳排放的社會成本估計值，是每噸大約25美元，而二〇一三年的反覆運算又讓數字增加到約40美元。

提到以上這一切的用意，不是要抨擊這些模擬工作。恰恰相反。把事情做對是極度困難的。

真要說起來，這是對經濟模型投資的極力呼籲。諾德豪斯的DICE模型，以及FUND和PAGE這兩個競爭模型，全都是一人創建起來的，隨後多年甚至數十年來，由一小群有志之經濟學家繼續費心維護、修補和修改。對照之下，大企業想要分析哪種味道的牙膏銷售到哪裡時，他們會採用大量地理空間上的顧客資料，並且交由數十位統計學專家和程式設計師來分析。

我們當然不應該以不夠好為由，而廢掉這些氣候經濟模型。真要做些什麼的話，是應該為這些模型增壓，提供馬力：讓運算能力升級。這當中有很多事務比賣牙膏要危急得多。然而，高露潔公司和寶僑公司是靠大量的資料運算來彼此競爭，但DICE模型可以在家用電腦中執行。如果有更多的人力和數據，至少就能讓模型即時取得最新資料。

不過，即使我們做到了這些，仍然有個大問題：我們該如何量化氣候變遷災禍導致的損失？數據變多，未必能協助我們解決這個問題。

DICE模型主要希望從過去的資料找到參考。有幾百項科學研究試圖要量化全球暖化對各方面的衝擊，從海平面上升、作物產量，到熱帶風暴和戰爭。這些研究的任務是，要如何把這些衝擊換算成金額。我們很快就遇到兩個問題。

首先，已知的損害只有一小部分能夠量化。許多是付之闕如的。目前還未量化以及（至少部分而言）無法量化的損失，涵蓋了由地表溫度上升導致的臭氧污染所引發的呼吸道疾病、海洋酸化的影響等一切損害。再來的問題是，**真正能夠量化的那些，又落在相當窄的低溫範圍內**：全球均溫升高不到一度、也許是1℃或是2℃的變化量。這樣我們要怎麼估計升溫5℃、4℃、甚至3℃時的情形？

當然是利用外插法。

起碼這是現有模型採用的做法。拿1℃或2℃時的情形來擴大。我們知道，因為有臨界點和其他讓人討厭的突發狀況，所以不能直接用線性的方式看事情。沒有人認真打算這麼做。相反的，DICE模型主要是依據某種類似二次外插的方法：如果1℃導致價值10美元的損失，那麼2℃不是20美元（這就是線性的），而是40美元。說得再具體些，諾德豪斯估計，升溫1℃所花的成本少於全球GDP的0.5％，2℃的成本大約是1％，4℃的成本大約是4％。接下來急遽上升，但即便達到6℃，成本仍不到10％。

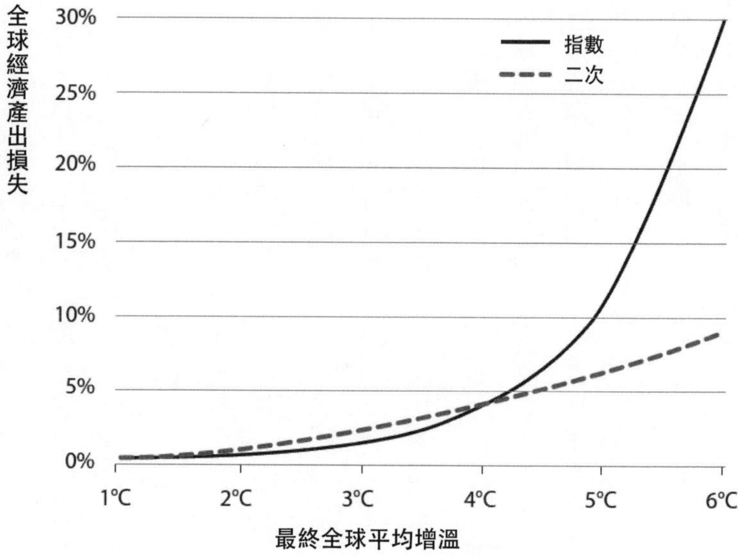

圖 3.3 以二次外插法和指數外插法來預測全球經濟損失

請注意，那是個很大的絕對數字：今天全球經濟總產出的10%，會是大約七兆美元。假如一百多年後真有這麼一天升溫到6℃，這些小部分的損失就要乘上很大的增長倍數。不過，我們怎能肯定這個數字是對的？的確不能。一旦我們把損害估計值外推到6℃這麼遠，就變成全憑猜測了。利用二次函數，是個簡便的捷徑，但僅此而已。其他的外插法，有很多在數字較小的一端符合所看到的損失，但在數字較大的一端就相去甚遠。譬如，從上圖3.3可看出，指數外插法估計出來的暖化損失，與二次外插法的估計結果差異非常大：

在1℃和4℃，兩條曲線落在同一個值。在2℃和3℃，兩條曲線很接近，若考慮到不確定因素，兩者可說是沒什麼區別的。在5℃時，開始出現差異。到了6℃，說是在描述不同的星球也不為過。二次外插法最後落在全球經濟產出的10％的下方一點點，而指數外插法跑到將近30％。

我們並不是說，假如全球均溫升高了6℃之多，30％的產出衰退要比10％來得準確。我們不會知道，也沒有人知道。你可能會說10％也許太高，因為大家會想出解決之道；即使升高了6℃，到時候斯德哥爾摩仍舊比現在的新加坡還要涼爽。或者你也可能會說30％也許還是太低，因為斯德哥爾摩和新加坡都看不到那一天來臨；兩座城市目前的海岸線都將淹沒在幾公尺的海水中——是將會，而不是可能會。然而，我們仍然必須把與影響範圍及時間點有關的根本不確定因素，加到實質的成本中。

顯然我們也不該拿某一年經濟產出的占比，來思考損失。DICE及其他模型的標

準做法，是假設在將來某一天氣候變遷造成損失之前，經濟制度都能運作順暢。不管是不是災難性的，以往估計出來的氣候損害，比起我們所假定的經濟成長帶來的驚人財富增長，感覺上是微不足道的。

在年成長率3%的情況下，全球經濟產出在一百年後會成長到將近20倍。一百年後因為氣候變遷而減損10%、30%甚至50%，全世界仍然比今天富裕好幾倍。簡言之，氣候變遷雖然不好，但就算遇到最壞的情況，只要經濟維持穩健成長，全世界似乎會比現在好得多。

相反的，如果我們假設氣候造成的損害會影響到產出成長率，而不是產出量，那麼長時間下來累積的損失效應可能就糟糕得多；氣候變遷顯然會影響勞動生產力，尤其在已經很熱（以及貧窮）的國家。這正是複合成長率的漂亮之處——這裡或許該說是醜陋之處。只需把基本假設做一點很小、但極其關鍵的改變。

最後，氣候損害與經濟產出之間會如何相互影響，也關係重大。DICE模型假設，氣候損害只占GDP的一小部分：氣溫越高，占的比例也越大。這種假設看似無害，但有某些嚴酷的意涵。GDP和氣溫變成是可以互換的，或者說：達到經濟產出1%的氣候損害，總是能靠著產出本身增加的1%來抵消。GDP增加是好事；如果

GDP增加表示損失也會增加，那就繼續提高GDP，而明天依然會變得更好。會做出這種假設，是許多經濟學家與生俱來的本能，成長終究是好事。

可惜，不是所有的環境損害都能那麼容易藉著增加GDP來抵消。失去的人命、生態系或糧食，不是讓消費性電子產品增多就可輕易補償的。

換個不加修飾的說法：如果氣候變遷衝擊到全球糧食供應，靠著生產更多iPhone來拉高GDP，對於缺糧的人沒有多大幫助。想出更好的生產糧食方法，才會有所幫助。這是贊成採用標準相乘模型的人所用的典型反駁理由。人的智慧看似領先了過去的環境惡化。一切總會越來越便宜、體積越小、速度越快、功能越好。技術終會再次成功獲得支持。也許吧。

但要是有極限呢？要是到某個時候，我們沒辦法再繼續增加產出，來替代掉環境惡化的結果？這樣一來，再高的GDP也無法輕易補償更大的氣候損害。經濟成長能夠彌補氣候損害的這種慣常邏輯，幾乎快站不住腳了：較富裕的社會，往往比貧窮社會還要喜歡更好的環境。在這個世界上，我們預期未來的GDP越高，今天對全球暖化污染所做的一切就越有價值。

根據一項研究指出，如果我們假設損失是相加的，而不是相乘的——也就是糧食和

iPhone是不可互換的——則「最適」全球平均增溫會減少一半。如果標準相乘模型預測出來的最適增溫程度是大約4℃，改成相加損失之後，最終的最適增溫將會是不到2℃。這個差距非常大，也正好說明了模型採用的假設很重要。

就像資訊界常講的：「垃圾進，垃圾出。」在此我們可以改說成：「最適進，最適出。」把稍微不同的函數形式放進最標準的氣候經濟模型中，做出的最適氣候政策看起來可能就很不一樣。

最大的關鍵，仍然是氣候問題本身帶有的不確定性。對於損失函數的函數形式，以及許多其他的因素，都是如此。就算我們確切知道排放量的增加模式、濃度如何順勢變化、氣溫如何反應、海平面如何升高，這所有的資訊仍然必須換算成金額——更何況我們並不知道。

只是挑不同的外插法，去推測全球均溫比工業革命前升高6℃的情形下，經濟損失到底是10％、30％還是更多，這麼做是沒有用的。正確的做法反而是像我們剛才對最終增溫結果的處理：去檢視每個增溫值可能損失的整體分布，而不是看特定增溫量下的預期損害。換句話說，如果平均氣溫升高6℃，經濟損失達到GDP的10%、30%、介於兩者之間或超出這個範圍，機率各有多大？問題是，我們不知道。

總還有那麼一點可能是，最後的暖化結果不會造成任何經濟損害，不會讓全世界付出代價。最有可能發生的結果，可能會落在中間——也許就介於10%到30%的範圍；但這並不是重點，至少，這個說法並不充分。這頂多算得上是「大概估計」，就是個猜測罷了。

因此，我們沒辦法像前面談到增溫中位數和達到6℃的機率那樣，做出另一個圖表。我們知道的資訊還不夠，沒辦法利用圖表呈現出各個增溫結果下的全球平均經濟損失。諾德豪斯提出的平均預期損害估計值——即升高1℃所花的成本少於全球GDP的0.5%，2℃的成本大約是1%，4℃的成本大約是4%——可以當成起點。但即使是這樣的估計值，在2℃以上已經多半是推測了。我們對於各個增溫量下的損失實際分布，所知甚少，因此難以估計出嚴重衝擊達到50%或其他數字的機率，如下頁表3.2的第三列所示。

最終氣溫變化	*2°C (3.6°F)*	*2.5°C (4.5°F)*	*3°C (5.4°F)*	*3.5°C (6.3°F)*	*4°C (7.2°F)*	*4.5°C (8.1°F)*	*5°C (9°F)*	*5.5°C (10°F)*	*6°C (11°F)*
平均全球損失	1%	1.5%	2%	3%	4%	?	?	?	?*
損失超過50%經濟產出的機率	?%	?%	?%	?%	?%	?%	?%	?%	?%

表 3.2 經濟損失會隨全球平均暖化的增加而迅速減少

* 在整本書的討論中，我們對於增溫6℃的平均全球損失範圍是10%到30%，不過科學證據不足以列入這個表中。這只是採用二次曲線與指數曲線，把增溫1℃或2℃時的情形外推得出的結果。

說到要估計高溫帶來的損害，最先進的經濟模型也好不到哪裡去，就只是讓曲線大致擬合我們所知的低溫時情形，然後延伸到我們所不知的地方——遠遠超出歷史增溫觀測值的範圍，到達人類文明尚未涉足的境地。但同樣的，我們不是在抨擊這些花在模擬上的努力；我們只是要重申，氣候衝擊本身帶有的不確定因素，可能會決定最後的結果。

這一切都在指向一個哲學問題：有了某個數字，會比沒有要好嗎？如果諾德豪斯針對6℃增溫估計出來的全球平均損失是10%，而我們由指數外插法推得的結果是30%，我們是不是就該用

10～30％這個範圍？如果我們根本就搞錯了損害，比方說氣候損害影響的是成長率而不是產出量，或損害應該是相加而不是相乘的，這樣又會發生什麼狀況？

但還有什麼替代辦法呢？如果我們不把這些數字用在政府的效益成本分析上，就等於要接受氣候損害為零的估計值了。這絕對是大錯特錯的數字。因此，最好還是採納DICE及類似模型的標準計算結果。從這方面來說，美國政府的每噸40美元，就和任何數字一樣好，儘管仍然有可能低估。最起碼我們現在暫時用這個數字，來說明另一個重點。

百年後升溫一度要付多少成本？

最終增溫6℃造成的損失，究竟是全球經濟產出的10％、30％還是其他數字，可能都只是猜測。只有一件事我們可以肯定，就是應該把我們所能取得的數字折現。折現的基本邏輯很合理，而且一直存在：它結合了延宕滿足與風險。今天擁有的一塊錢，比十年後擁有這一塊錢更值錢。要回答價值到底多了多少，既是一門科學，似乎也是一門藝術。不過，我們不需要回答這個問題。

事實上，有個網站專門回答這類問題。點進 treasury.gov，去找「美國政府公債」的利率；這是一般公認風險最低的投資。今天把1百美元借給美國政府三十年，然後在網站上看你的投資每年按此利率成長。說得具體些，你會想找美國國庫抗通膨債券（TIPS），這樣一來，你看到的所得會等於實質購買力，你的收益不會因為通膨而縮水。過去十年間，它的年利率一直在2％上下，目前較接近1％。

我們把這個範圍，與美國政府用來計算碳社會成本的中央估計值3％，做個對照。諾德豪斯利用 DICE 模型，做出4％左右的預設值，經濟學家史登（Lord Nicholas Stern）在他的《論氣候變遷經濟學之史登報告》中，則採用1.4％的預設值；當時史登也因為選用了這麼低的數值，受到嚴厲批評。到底要用怎樣的折現率才對？

簡單的回答是，我們不清楚，不過我們很確定，確切的長期折現率應該會隨時間下滑「到可能的最低點」。這對強力主張立即採取氣候政策行動的人而言，似乎相當有利。折現率低，代表未來的氣候損害換算成今天的幣值時，會更加顯著，也因此有利於立即採取行動的主張。事實上，有相當多的科學依據指向這個方向。但同樣的，指向某一方向的，多半也是我們未知的一切。折現率本身的不確定性，是促成低折現率的主要推手。誰會知道一、兩百年後的折現率是多少？我們越不知道確切的折現率是多少，它可能就變得越低。因為我們對折現率的走向更不清楚，所以它可能會隨著時間降低。那麼這個數字到底是多少？可能不是目前我們採用的4%或3%，但有可能更低，也許是2%甚至更少。這是這麼久遠以後的事，我們根本無法確知，不過為謹慎起見，我們至少該考慮採用較低的長期折現率。

然而，這些數字都集中在無風險利率；這是你一定會獲得的，不管世界怎麼變化。氣候變遷讓人憂心之處，就在於它的不可預測。每一種可能的未來場景，到時候會不會按同樣的利率折現？

氣候金融學

希望從金融界得知如何為不確定的未來折現，可能是不錯的做法。對於未來感到不確定時，可問一問那些可能因為自己的決策而賠錢的人。

李特曼（Bob Litterman）在高盛集團度過了大半的職場生涯，先是在一九九〇年代晚期擔任全集團的風險管理負責人，後來調任資產管理部門。李特曼可說是把「資本資產訂價模型」（CAPM）視為生命。事實上，他後來發展了一個變形，即「布雷克—

李特曼全球資產配置模型」（Black-Litterman Global Asset Allocation Model）；這個模型允許我們在未假設各資產類型預期報酬的情形下，做出資產訂價決策。我們知道的越少，李特曼的新模型表現得就比標準模型越好。

談到部分氣候經濟學家如何看待折現這件事，李特曼毫不諱言：「他們為了市場資本報酬率的某個估計值，為了高機會成本，而支持高折現率。哇！如果那是唯一的評判標準，為什麼還有人要投資債券呢？我們在一九六〇年代的金融市場上已經學到為何這是錯的。」事實上，資本資產訂價模型就是在一九六〇年代發展出來的，而且有個簡單的前提：如果一筆投資的金額在經濟不景氣時上漲了，就會比隨市場漲跌的相同投資更有價值。投資報酬與市場報酬之間的關聯，稱為「beta 值」。beta 值低，代表關聯薄弱。薄弱的關聯，會增加投資的價值。

就某個意義上，這是為什麼有人會去投資利率1%或2%的政府公債，而不是在股市賺7%預期報酬率的唯一理由。整體報酬很高，當然很好，但如果只有在經濟景氣時獲利，就沒多少價值——高 beta 值。美國政府公債的預期報酬率雖然低，但 beta 值也很低。許多平衡型投資組合中，至少會包含一些債券，以備不景氣時之需。

這給氣候政策帶來了明顯的暗示：如果我們就是認為目前氣候損害很小，而會在經濟狀況強勁時變糟，折現率應該會更高。安然度過極端天氣事件，那很好，因為像是風暴這類災害不會那麼嚴重，只會在GDP高的時候來襲。這是支持高折現率的觀點之一。但另一方面，如果我們相信氣候損害將會很大，而且與經濟表現不佳密切相關，折現率應該會變低。到時候的世界可能會是，氣候變遷必然導致酷熱天數增加，而這又連帶使勞動生產力和GDP降低。

說得更直接些，假如我們不改變方向，假如有一成左右的可能性，發生一場氣候災難，重創經濟同時改變我們所熟悉的生活，那麼金融基本知識會告訴我們，這些久遠以後的損害的折現率應該會很低——可能會低於用來評估無風險利率債券的1％到2％。到底會多低？沒有人敢肯定，而在此我們必須暫時岔題，談一點金融進階知識。

華爾街之謎

現代金融學雖然世故，卻也留給我們許多根本的難題，其中又以「股權溢價之謎」高居首位。平均說來，投資美國股市的報酬，比投資美國政府短期債券高出5％。這個簡單的事實困擾了經濟學家數十年之久。標準經濟模型就是無法重現這些基本事實。

一般人不應該如此規避風險，而以那麼高的溢價投資在高風險股票上。然而投資人卻是如此。這是怎麼回事？

每天的股價是大家最熟知的，報紙上會刊登，網路上也找得到免費又詳盡的資料庫。因此，質疑根本的數據，不會得到更進一步的結論。也很難看出該如何歸咎到懶惰、偏見或人性上的其他怪癖，這些因素可能會、也可能不會導致這個溢價之謎。牽涉到的是大量資金，其中大部分又是由比一般人內行的專業人士管理的。那麼，要找罪魁禍首，自然就會想到經濟理論本身。我們知道，每一種模型都會簡化實際情況。標準模型會不會為了本身的方便而過度簡化？

結果發現，把潛在災難性的風險引進標準模型之後，就能解釋甚至徹底改變股權溢價之謎：因為「厚尾」在發揮作用。

市場的結果並不是由每天的平均波動定出來的，更該說是由極端事件中發生的事情來界定的，這些事情不該發生，但此後，在過去一百五十年中，給了我們相當於至少一星期的「黑色」之日——從一九八七年10月的黑色星期一，到一八六九年9月的黑色星期五，再到二〇〇八年10月的黑色週。更加認真思考這些災難性的風險，就可解釋高股權溢價的現象；股權溢價就是指必須支付給投資者去承擔風險的金額。

這同樣也適用於氣候風險。潛在災難性的氣候事件需要「風險溢價」。發生這些災難的機會越高，越應當尋找出等同於無風險政府公債的氣候：首先就是要防止碳排放。

這當中還有一個比較複雜的因素，而且要回到折現率和極其關鍵的beta值。我們之所以投資政府公債，是因為它有低beta值，這使得投資者在各種狀況下都能獲利，包括景氣不佳的時候。標準的資產訂價模型在估算這些投資的價值時，會指定低的折現率、有時甚至是負的折現率；發生負折現率的狀況好比說是，短期逆勢操作的賣方在股市較低點時賺得較多。

同樣的保險思考也應當運用在氣候損害上，或說是用來避免這些損失。李特曼把它關聯到氣候上：「如果風險溢價夠高，保險給付就有可能需要是負的折現率，而碳排放的現價也必須很高，這樣等到問題減少、不確定因素解決時，價格才會如預期隨著時間下跌。」從資產訂價的角度看，這個論點似乎再明顯不過。這對專注於氣候上要如何折現的大多數人而言，會是個意外，因為在氣候經濟領域，向來的做法是把折現率跟「機會成本」或預期「市場報酬」綁在一起——而且長久以來，史登提出的1.4%就公認為是可接受折現率的下限。

但不管是1.4%還是1%，都沒有什麼特別之處，甚至理論上不必以0%做為下限，對那些做空華爾街的投資人來說就不是。如果投資某個項目會在景氣最差時付出較多的錢，折現率可能必須低於最低的無風險利率，才算恰當。我們絲毫不敢確定，這個論點是否可以用來闡述氣候變遷，但可以肯定的是，這可能代表又一個很大的不確定因素。

假如最後增溫達6℃的機率有10％那麼大，假如這場災難帶來的經濟成本相當於全球經濟產出的10％或30％（甚至更高），適當的做法可能是，給這些氣候損害指定一個比政府公債的無風險利率還要低的折現率。一如往常，很難選定一個數字，但要提出理由支持折現率高出1％或2％許多，則又難上加難。

時間就是一切

談到像是增溫6℃之類的極端情境時，我們一直提到「最終」，是因為像這種幅度的嚴重增溫情形，會在數十年甚至數百年間發生。全球平均氣溫並不會在明天就大幅升高；災難也不會一夕之間降臨，至少根據現在這個計算結果來看，並不會如此。事實上，最後的增溫幅度越大，發生終極災難的機會越大，而兩者要實現所花的時間就越久。這也正呈現了氣候變遷的其中一個深層特質：長期性。不過，這顯然不表示我們可以暫時鬆懈下來。

假如有一顆就我們所知足以摧毀文明的小行星，朝地球衝過來，從現在算起預計還有十年就會接近，而且比方說有5％的機率撞擊地球，我們絕對會想盡一切辦法，讓它的路徑轉向。

如果知道同一顆小行星會在一百年後衝向地球，我們可能會再多花幾年爭論對策，但我們並不會說，這個問題頂多花十年應該就能解決，所以我們可以舒舒服服地坐著，等九十年過去再說。我們也不會指望九十年後技術更加進步，所以大概可以整整九十一或九十二年啥事都不幹，然後仍能安然度過。

我們其實會馬上採取行動。儘管接下來九十年間技術將越來越進步，儘管我們對這顆小行星在接下來九十年間的路徑有了新發現，甚至可能得知它撞擊地球的機率「只有」4％，而不是我們一直認為的5％。最後這一點——最後衝擊的必然性提高了，正是證明氣候變遷如此棘手的理由。今天我們對於氣候敏感度範圍的估計值，並未比三十多年前精確多少。此外，最終氣候災難的發生機率不是5％；我們根據國際能源總署的推估概略計算出來的結果，顯示很可能比較接近10％甚至更高。

你的數字是什麼？

氣候變遷充滿了深厚的不確定因素，這些不確定性之下還有更根深柢固的不確定因素，而這僅止是從碳排放量到濃度，再到最後的氣溫。更深一層的不確定因素，讓我們無法把氣溫簡單地轉化成氣候損害，而這一切並未清楚闡釋與折現率有關的不確定因素；如果有確切的折現率，我們今天就能算出最適碳價格。不過，在每一個步驟，有一件事很明確：由於極端的不利因素充滿威脅，因此凡是辯稱厚尾現象不要緊、可能損害很低、折現率應該很高的人，應當肩負起舉證責任。

儘管我們對許多不確定因素所知甚少，但我們確實知道，最終升溫程度達到6℃甚至更高的機率並不等於零。根據我們的保守校準，機率值比10％略高一些。

伴隨著氣候變遷而來的損害有多大，誰也說不準，但對於諾德豪斯的DICE模型大膽做出的「猜測值」，也就是全球經濟產出的10％，我們只能視為下限。按照同樣的不完美邏輯，估計值也可能從10％到30％，甚至遠超出這個範圍。我們不知道實際數字落在這個範圍的哪個位置，但我們十分確定不會低於10％，也確信沒有人知道實際的數字。最相關的問題，並非升溫6℃時的預期損失是或不是全球經濟產出的10%或30%；我們應該要問：損害的分布情形如何？發生嚴重經濟崩盤的機率有多大？

這就要看折現了，而在這方面我們最起碼知道，希望預期市場資本報酬率達到好比4%的折現率，可能就等於是對累積了幾十年的資產訂價理論及實踐視而不見。如果我們避開光明美好的設想，也就是氣候損害很小、等經濟景氣好時才會變糟，那麼我們就是在看比當前所議論的還低得多的折現率。

我們不知道適當的折現率應該是2%、1%還是更低。也許並沒有單一的氣候beta值，來解釋為何要採用某個折現率；所謂的氣候beta值，就是指氣候損害與整體經濟狀況之間的關聯。但可以確信的是，圍繞著最終氣溫升高值與嚴重損害的不確定因素，可能會使折現率下跌，而非上揚。我們對五十年後的損失雖然是以2%的折現率來估計，但這個折現率應該會隨著時間下滑。

這一切留下了什麼問題？首先，我們明白，要批評很容易。想出建設性的解決辦法，比較困難。前文的表3.2列出了實際的氣候損害，當中的問號處多半是事出有因，而不是因為沒有去嘗試計算。

如果問題是要採用哪個數字做為每噸二氧化碳排放的最適價格，答案應該是：每噸二氧化碳至少要40美元，這是美國政府目前訂定的價格。我們知道這還不夠完美。我們相當肯定這個數字是低估，絕不是高估。我們也就只有這個價格。（而且比起現在有訂碳價的大部分區域，從加州到歐盟，這還比普遍價格高出許多。唯一的例外是瑞典，他們訂定的碳價超過150美元；即使在瑞典，重要產業領域是除外的。）

倘若接下來的問題是該如何決定適當的氣候政策，答案會比我們概略的效益成本分析所暗示的還要複雜。把碳價訂在每噸40美元，只是個起點，但也僅此而已。效益成本分析就是靠著許多假設（也許太多了），根據像氣候變遷這麼重大而不確定的事物的典型模型，來找出每一塊錢的估計值。

我們知道厚尾會支配最後的結果，所以決策準則應該是把避免讓這類災難性的損害發生擺在首位。

有些人把這稱為「預防原則」——有備無患。其他人則稱之為「巴斯卡賭徒論證」的變形——如果懲罰是永世墮入地獄，為什麼還要冒這個險？我們則稱它為「絕望的困境」：既然厚尾會主宰分析的結果，那我們怎麼知道，發生罕見極端情境的可能性有多大？尤其又是我們過去從未觀測到的，對其威力頂多只有粗淺的認識。實際的數字大多是未知數，而且可能根本就無從得知。

最後是風險管理——攸關生存的風險管理。而且還附帶了倫理學的環節。在災難風險的不確定因素如此占上風的情況下，採取預防態度是明智的。效益成本分析固然重要，但光靠分析是不夠的，因為在分析高溫造成的影響時會遇到模糊不清的細節。

在有些情況下，要為涵蓋整個地球的可能損害程度設下有意義的界限，是極其困難的，氣候變遷就屬於這類罕見的情況。只顧著精確估計出最終全球均溫升高4℃、5℃或6℃時造成的損害，就會看不到重點。訂定適當的碳價格，才是讓我們能夠放心知道自己永遠不會走到升溫6℃這類最終極災難的一種做法。當然，永遠二字是強烈的字眼，因為我們知道，即使根據今天大氣中二氧化碳的濃度來看，要達到這樣的升溫幅度的機率也不可能變成零。

可以肯定的事情是，最終升溫達到6℃以上的機率超過10%，這個數字實在太高了；就我們現在所知，升溫達到6℃時，人類在地球上的歷險也將走到終點，而這正是地球此刻步上的路途。

在大氣中長存大量二氧化碳的情況下，「觀望」其實就等於「刻意無視」。

4

CLIMATE SHOCK

當我們選擇沒看見

我們有充分的理由認為，把二氧化碳排放進大氣中，是在重演歷史……地球已經見識過今天的二氧化碳濃度了：在超過三百萬年前，當時海平面比今天還要高大約二十公尺，而且高緯度的北極地區有駱駝漫步。

兩位經濟學家對「刻意無視」的沉思——
七十億人口和無數的後代控訴：
對力圖阻撓合理拯救氣候問題行動的那些人
送交輿論法庭的移審令。

「刻意無視」這項原則，在刑案辯護案件中算是舊聞了。你在同夥拿槍指著銀行櫃員時轉過身去，並不意味著你不會被指控共謀搶銀行。

這個準則已經跨出刑法的範圍外。舉例來說，美國最高法院就把這個原則應用到專利上。最高法院處理過一個關於「創新油炸鍋」的案子：見 Global-Tech Appliances, Inc., et al. v. SEB S.A., 563 No. 10-6 (May 31, 2011)。

當時最高法院是這麼說的：「凡是充分知情、而讓自己無視於關鍵事實之直接證據者，形同確實知情。」最高法院更明確地補充了「一致同意的」符合刻意無視的兩項基本條件：「第一，被告必須主觀上相信，很可能有某件事實存在。第二，被告必須採取蓄意行為避免得知那件事實。」出處同前。

這裡的關鍵字是「很可能」和「蓄意行為」。很少有事情是必然會發生的。要證實刻意無視，必須證明被告一定有充分訊息，很可能知道某件事發生了。然後，上述被告一定採取了蓄意的行為，以避免按照所知的訊息來行動。

讓我們從刑案辯護轉移到氣候變遷，從最高法院法律用語轉移到「刻意無視」的通俗解釋。氣候變遷很嚴重，不採取行動又讓情況雪上加霜。經過數十年的科學討論和多年的公共討論，如果還對這個現實狀況提出異議或直接否認，就真要稱為「刻意無視」了。有的人也許只是「盲目」，但許多人是別有用心推理出跟科學相抵觸的結論。

我們很容易停滯不前。對氣候問題要不要行動的爭辯，應該告一段落了。在某種程度上，就連要如何行動的爭辯，也告一段落了。針對要做些什麼，的確還有一些學術上和實際執行上的歧見——像是要徵收碳稅還是管制總碳排量，又如這兩項措施該怎麼執行，或是如何利用其他政策來估算碳價，像是車輛油耗標準或發電廠碳排放標準等。

有些政策，譬如性能標準，很可能各有優點，但相加起來還是不夠。最終的目標很明確：訂定碳價。這並不是什麼祕密。我們敢不敢說，凡是假裝認為不是這麼回事的人，就是刻意無視現實狀況？

留待討論的問題是：碳價該訂多高？關於這一點，還有討論空間，不管是學術上或是其他方面的討論。很確定的是，我們不能、也絕不可以把這種討論當作現在不行動的藉口。我們十分確信，除了少數例外，多數國家目前普遍的碳價幾乎是零，實在太低。美國政府全面檢討「排碳社會成本」後所做的估計，每噸二氧化碳的價格大約是40美元。

然而，每噸40美元只能當作起點。我們所了解的大部分科學，似乎都在指出這個數字應該要更高。我們所不知道的一切，多半還會把它往上推。認真研究一下算出40美元這個數字的計算中所牽涉到的不確定因素，就可以清楚看出這一點。前一章談到的「厚尾」很可能會主導其他的一切。這樣的話，到底該把價格訂到多高？

少於無限——無限少

如果某種災難的風險夠高，災難本身又夠嚴重，我們很容易做出決定，應該要不惜一切代價避免讓它發生。

每噸二氧化碳的價格不會停留在40美元，或400美元，甚至4千美元。如果災難極度嚴重，二氧化碳排放超出門檻量的每噸最適成本，就會是無限大的；即使這種災難發生的機率「只有」10%，這也是對的。

「無限大」不管乘上什麼數，都仍是無限大。這樣一來，數學上的確切裁決會是，把全世界所有的金錢都用來避免這種結果。換成實際做法就是：完全禁止有意的二氧化碳排放——即燃煤、石油、天然氣，以及砍伐森林；禁開內燃機引擎的汽車；停飛所有的民航飛機；關閉燃燒化石燃料的發電廠；暫停我們所熟知的現代生活。

這不可能是合理的政策建議。原因之一是，即使我們設法把發生氣候災難的機率從10%降到1%，要避免的成本依然是無限大：1%乘上無限大，仍是無限大。我們只要一引進「災難」一詞，把它描述成代價昂貴無比，傳統效益成本分析就立刻失靈。

當然，很少有什麼事物的代價真的會達到無限大，甚至死亡的代價也沒這麼大。「統計生命價值」聽起來也許正如其名，是殘酷無情的計算結果，但邏輯上無可辯駁。我們在做像是要不要繫上安全帶這類日常決定，或是較重大的決定譬如要選哪份工作時，並不會以無限大的代價來衡量生命。如果某行業的職業災害死亡率是其他行業的兩倍，工資可能也會高些，可不會無限高。把個人的統計生命價值套用在全球災難上，可能有點誇張，但這個類推是成立的。

不難看出，如果最終全球升溫6℃，會是場不折不扣的災難，現在我們熟知的大自然和文明都會因此毀滅。不過這仍然不表示我們應該為這個問題，灑下無數的資金。我們應該在反應過度和不容寬貸的毫無行動之間，找到合理的平衡點。

可能的準則之一，是去看災難本身的風險。九一一事件後不久，美國副總統錢尼就推測說，「如果有百分之一的可能，巴基斯坦科學家協助（基地組織）建造或發展核武，就我方回應而言，我們就必須把它視為必然。」這其實是錯誤的對應。百分之一並不等於必然。相反的，應該是把事件本身的機率視為重要指標。發生機率微乎其微的生存風險，比起機率是10％甚至1％的風險，幾乎不值得我們關注。

生存氣候風險的機率如果就像錢尼對於基地組織的描繪，只有1％的話，那我們很幸運。在前面的章節已經看到，根據我們自己相當保守的計算，最終全球平均氣溫升高6℃以上的風險，大約是10%，是1%的十倍。

目前我們遭遇到另一個可能的壓力：氣候變遷不是地球面臨的唯一潛在災難。如果在氣候變遷最壞的後果開始浮現之前，就有小行星撞上地球、把文明毀滅了，該怎麼辦？或是有大流行病？或可能發生核武恐怖攻擊？或者生物技術、奈米技術或機器人失控？該如何把有限的資金分配到各個生存風險？

最壞的情況

什麼情況才該稱為「生存風險」或全球規模的「災難」？對此大家看法不一。有些人會把核災或恐怖主義算進去，其他人則堅決認為，只有核戰或至少要是大規模核武攻擊，才算達到堪稱「全球」的程度。似乎還有五、六個候選者，名列萬惡之首。稍後你就會發現，這些情境很難排序。除了氣候變遷，還有小行星、生物技術、奈米技術、核武器、大流行病、機器人和「奇子」。

可能有些人覺得這名單未免太短了。潛在風險不是有幾百、幾千個嗎？光是交通事故死亡，我們就能想像到無數種肇事方式。的確如此，但有個重要的區別。雖然車禍喪生從個人層面看是悲劇，不過總歸起來很難稱為災難。

上面列出的每一項，都有可能消滅我們所熟知的文明，這些最壞的狀況規模都是全球的，在人類的時間尺度上全都是極具衝擊性且無法逆轉的。大部分是極其不確定的。只有小行星撞擊和氣候變遷這兩項，可從歷史中找到證據證明問題的嚴重性。小行星撞擊的證據，要回推到6千5百萬年前，讓恐龍滅絕的那次撞擊事件。至於氣候變遷，則要追溯到超過3百萬年前，當時大氣中的二氧化碳濃度就和今天一樣，而海平面比現在還要高20公尺。

歸根究柢，氣候變遷可不是人類該擔憂的唯一潛在災難。可能發生的其他災難也應多加關注與資助。不過這並非一體適用。

「奇子」（strangelet）是科幻小說中的產物：它是一種穩定的奇特物質，可能在不到一秒的瞬間把地球吞噬。從來沒有人見過這種東西，它在理論上也許不可能存在。

不過，如果這種東西有可能存在，說不定歐洲核子研究組織（CERN）的大型強子對撞機（LHC）有機會把它創造出來。這促使不少研究團隊去計算出奇子實際發生的可能性。他們的結論是：可忽略不計。具體數字在0.0000002%和0.002%之間徘徊，並不等於零，但當成是零也無妨。當然，它與我們目前走向終極氣候災難的10%機率，可差得遠了。

沒錯，把整個地球吞噬，是奇慘無比的狀況，顯然要比南北極冰融和海平面上升數公尺更慘；比這更怪的事都發生過。但是，奇子發生的機會非常、非常、非常小。機率很重要。不太可能發生的問題，社會不該給予太多的關注。量子物理學告訴我們，地球偏離繞日軌道、掉到太空中的機率無窮小。人類絕不可能花時間擔心這件事。奇子的情況稍微不同，因為它事實上可能會是人造出來的產物，但這仍然不表示社會應該把注意力放在上面。機率畢竟太小了。

如果可以按照發生的可能性，替這些最壞的情況排序，我們就能往前邁進一大步。倘若奇子的機率小到可以不予理會，那麼機率本身也許就能指引出應該著力的方向。不過，事情不只這樣。衝擊的程度也很重要。應變的潛力同樣很重要。

小行星有各種形狀和體積。本書一開始提到的，二〇一三年2月在車里雅賓斯克州上空爆炸的那顆小行星，撞擊力造成1千5百人受傷，部分建築物損毀。我們不該只為了拍到壯觀的影片，而期盼再發生更多類似的撞擊，但我們也很難把這般大小的小行星稱為「最壞的情況」。它並不是。

美國航太總署企圖記錄並防範太空中的星體，目標是放在比它大上許多、大到足以摧毀文明的小行星。天文學家也許一直低估了大小如車里雅賓斯克州的小行星的可能性，這是需要修正的問題，但這個問題並不會摧毀文明。假如我們錯估了大上許多的衝擊的可能性，後果可能更加痛苦。

幸好，小行星還有一個特點對我們有用。科學應該能夠觀測、記錄這些大型的小行星，並讓它們改變方向——如果提供了充足資源的話。這是個很大的不確定因素，但並不是難以克服的：美國國家科學院的一項研究，投入了20至30億美元的經費和十年的時間，準備實際測試小行星偏移技術。這比我們目前的花費高出許多，但此決策看起來很單純：花一筆錢，解決問題，繼續前進。

所以，現在我們要把生物技術、奈米技術、核武器、大流行病和機器人，列為必須拿來和氣候變遷一起衡量的競爭者。真是這樣嗎？

對於類似的名單，我們的反應可能會覺得其中的每個問題都應該（適度）關注，不管我們怎麼處理其他的問題。如果地球面對不止一個生存風險，我們應該依序考量並且解決。提供給屋主的典型住宅套裝保險，會包含火險。如果你的房子坐落於斷層線附近，你可能也會想加買地震險。若還有淹水的風險，就會再買洪水保險。諸如此類。災難政策也是同樣的道理。

這種邏輯是有限制的。如果災難政策會耗盡所有的資源，顯然就必須精挑細選。不過看起來我們並不是這麼做。於是，第一步永遠是求助於效益成本分析，而這又是自雷根以來，歷任美國總統聲稱的治理政策指導原則。

理想上，社會應該要為（其餘的）每一種最壞的情況，認真做出效益成本分析：估計機率與可能的衝擊，把兩者相乘，然後和每種情況下的行動成本做比較。如果氣候變遷加上生物技術加上奈米技術加上核武加上大流行病加上機器人，成為更值得我們注意的問題，社會就該投入更多的資源在每個項目上。

不過，我們不能只是躲在標準效益成本分析的背後，忽視極端的情形。這些情況可能也有各自的厚尾：這些被低估、可能無法量化的極端事件，可能比其他所有的事件都嚴重。分析很快就要轉變成著重於極端事件的某種預警原則。我們越偏離標準效益成本分析，各個最壞的情況之間就必須有越精準的比較。

這種比較越來越難做。我們沒辦法斷然摒棄其餘五個最壞情況的任何一個，這些情況的機率並沒有小到可以忽略不計，而且潛在的負面影響很大。隨便問一些致力於核不擴散的人，他們很可能會提出核武恐怖主義比氣候變遷更糟的理由。問病毒學家，他們會告訴你，社會並未為對抗大流行病做好充分的準備。

如果真的有區別，讓氣候變遷有別於其他五個情況的差異又是什麼呢？

第一點，是最終全球災難的發生機率比較大。我們在前一章的分析，是把可能性估計在10％左右，這絕對是全球災難。如果最後氣溫上升幅度遠少於6℃，氣候變遷可能會引發大量災難性的事件。許多科學家會以2℃為門檻，而我們就快要跨越這道門檻了，除非出現全球性的方向修正。

第二點，在氣候變遷方面，現有的努力與需要做到的，有很大的落差。對於其他幾個最壞的情況，我們並不是專家，但至少看起來都已經做出許多對策。就拿核武恐怖主義來說，單單美國每年花在軍事、情報及國家安全上的經費就有幾千億美元。這並沒有縮減恐怖主義的風險，部分經費甚至有可能助長恐怖主義，當然，有時可採取更戰略性的解決之道，但至少整體任務是在保衛美國及其公民。要去論證現今美國氣候政策從類似的努力中獲益，可能很難。至於大流行病的減緩，當然可以在研究、監控及迅速應變方面投入更多經費，但同樣的，所需的額外努力看似就只占全國收入的一小部分。

第三點，**氣候變遷在歷史上有確鑿的前例**。雖然人類不曾經歷過，但地球有經歷過。其他的潛在全球災難，有些來自科幻小說的印象。擁有自主能力的機器人會自我複製，並控制全世界，也許是最極端的例子。不是因為這永遠不可能發生，而是以前確實沒有發生過。但氣候變遷有發生過。

我們有充分的理由認為，把二氧化碳排放進大氣中，是在重演歷史——是遙遠的過去，但仍然是歷史。**地球已經見識過今天的二氧化碳濃度了**：在超過3百萬年前，當時海平面比今天還要高大約20公尺，而且高緯度的北極地區有駱駝漫步。是否真是如此，還相當不確定，但我們幾乎找不到理由認為人類可以騙過基礎物理學和化學。氣候變遷帶來的許多效應，在人類的時間尺度上是空前的，不過這並不表示在地質時間尺度上也是史無前例的：用不著科幻小說來告訴我們。

氣候變遷的歷史前例，與生物技術的歷史前例，或該說是缺乏先例，形成了鮮明的對比。主要的例子，就是擔心由生物工程技術製造的基因與基因改造生物（作物），會摧毀野生物種。雖然這些基因和生物可能會像入侵的外來物種，但我們至少可以說，似乎不太可能發展成全球性的掌控。就如氣候變遷，先例可以給我們某種指引，但和氣候變遷不同的是，同樣的先例也會給我們不少慰藉。

數百萬年來，大自然本身就已嘗試創造突變ＤＮＡ與基因的無數組合，天擇過程差不多是在保證，只有少部分的最適排列組合能夠生存下來。基改作物會茁壯生長，卻也會讓害蟲產生抗藥性，但這種作物不可能生長到徹底脫離天擇的規範。這一切雖然並未保證科學家不會發展出足以摧毀野生物種的排列組合，但歷史經驗告訴我們，可能性確實微乎其微。

令人放心的是，從事生物技術的優秀科學家，似乎不像公眾這麼憂慮基因改造食品和基改生物的危險。但在氣候變遷這件事上，則剛好相反。最優秀的氣候學家似乎比大多數人和眾多政策制定者，更加擔憂我們終要面臨的氣候衝擊。

這批氣候學家，因為深知他們所精通的科學，也深知人們對氣候問題的反應，其中一些看來已經開始行動了。而且他們並不是去分析其他的最壞情況，認為氣候沒有特別糟。

恰恰相反的是：有些氣候學家投身到完全不同的領域，去尋找氣候危機的解決之道，思索可把地球從迫近的災難邊緣拉回來的任何方法。他們把重心放在：地球工程。

5

CLIMATE SHOCK

拯救地球

如果氣候變遷是所有外部效應之母，地球工程就是所有外部效應之父。

全世界就像夾在中間的孩子。如果老媽說「不行」，就去找老爸，看看他會不會說「可以」。

一九九一年6月，一年後就要舉行的「里約熱內盧地球高峰會」，正如火如荼地進行各項準備工作。

「永續發展」議題當紅。有誰不會同意，人類應該「使發展可永續進行，以確保各項發展既可滿足當前的需求，又不減損它滿足未來世代需求的能力」？

氣氛一片歡欣鼓舞。正如聯合國大會呼籲的，「到二〇〇〇年及以後」仍有可能達成永續發展。只有一個問題：自工業革命以來，地球的大氣層已經升溫超過0.5℃，而且所有的趨勢都指出溫度還會再往上升。

中國才剛走出幾十年的市場經濟改革，即將要把上億人民從赤貧中拉起來。那些當時可取得的最好技術，代表中國會在接下來的十年複製歐美各國過去所做的一切，來維持他們躋身世界富裕國家的富足地位：燃煤、石油和天然氣（主要是煤），然後把製造的二氧化碳排放到大氣中，讓地球進一步暖化。老布希總統簽署了一九九二年地球高峰會〈21世紀議程〉聲明，結果只是讓未來幾代的右派陰謀論者胃痛和高聲疾呼，別無其他建樹。但那是一年後的事。老布希和一百多位國家元首要到一九九二年6月才會飛到里約熱內盧。

在此期間，沉靜了四百多年的「皮納圖博火山」，早已在一九九一年4月2日開始隆隆作響。其後不久，菲律賓當局發布了第一波疏散指示。兩個月後，火山活動加劇，終於在6月15日爆發，噴出的火山灰、岩塊和熔岩淹沒了周圍地區。更慘的是，當天這個地區還遭受詠妮亞颱風侵襲。洪水加上火山爆發，讓超過二十萬菲律賓人無家可歸，超過三百人失去性命。

代價是真實的。效益也是真實的：火山爆發造成的直接結果是，全球氣溫暫時降低了大約0.5℃，**抵消掉人為全球暖化在那之前造成的整體升溫效應**。氣溫的降幅在一年後里約熱內盧地球高峰會舉行前後，達到最大值。

原因是，皮納圖博火山把2千萬噸左右的二氧化硫送進平流層。相較之下很少量的二氧化硫，抵消掉大約5千8百50億噸二氧化碳造成的全球暖化效應，5千8百50億噸是當時人類活動排放到大氣中的累積量。（二十年後的今天，大氣中的累積總量大約是9千4百億噸，而且所有的跡象都顯示數字仍在增加。）

用地球工程的術語來說，二氧化硫對二氧化碳的槓桿率極大。皮納圖博火山釋放出來的二氧化硫所造成的降溫程度，是等量二氧化碳造成的升溫程度的三萬倍之多。

我們很容易由此聯想到核武技術。在廣島投下的那顆原子彈，威力是含等量材料的傳統炸藥的五千倍。

從這種對照，我們也可以看出未來的可能走向。在廣島投下原子彈的15年後，就發展出泰坦二號飛彈。它的彈頭的威力，比第二次大戰期間投下的所有炸彈（包括廣島那顆原子彈）加起來還要強大。如果地球工程技術進步的速度比核彈的發展稍微快一點，很難想像可用來抵消大氣中二氧化碳的技術會是什麼樣子。即使應用現在的技術，目標更直接的地球工程干預就有可能達到接近「1百萬比1」的槓桿率。

這與核彈的槓桿率，有驚人的相似之處。但兩者間也有個重要的區別：核彈和傳統炸藥都是在摧毀目標，而地球工程是在抵消二氧化碳。至少在原則上，極大的槓桿率有行大善的潛力。

地球工程的前景與問題

在不考慮實質代價和奪走人命的情形下，皮納圖博火山對全球氣溫可能有好的影響。如果轉一下旋鈕就能完全抵消累積了兩百年的人為全球暖化，為什麼不去做呢？

這個單純的想法有幾個問題。皮納圖博火山減少了大氣中二氧化碳的間接影響：兩千萬噸二氧化硫產生的遮陽罩，讓隔年整年的太陽輻射量下降了2％至3％。不像海水因為吸收了部分的額外二氧化碳而變酸，**火山爆發並沒有抵消掉碳排放的直接影響。我們不能指望一次火山爆發來解決所有問題。另一方面，皮納圖博火山不但沒能解決問題，反而製造了更多問題。**

一九九二年地球高峰會的與會者，本來可以慶幸全球平均升溫減緩，但想必也為了隨之而來的平流層臭氧含量降低焦慮不已。火山噴出的二氧化硫和其他黏性物質，加上我們人類排放到平流層的某些污染物，就可能導致某類型的平流層臭氧耗竭，讓南極上空出現臭氧層破洞——但如今臭氧耗竭可能也會在熱帶地區發生。

如果這些還不夠嚴重的話，那一九九三年的密西西比河氾濫成災及其他地方的乾旱，也都能歸咎於皮納圖博火山。火山爆發的時間點，正好是持續大約一年的全球乾旱期的起始點。我們很難確立兩者的直接關聯，但這麼做也只會產生更多疑問。

如果能確立撒哈拉沙漠以南非洲地區的乾旱與皮納圖博火山有直接的關係，起碼我們就會知道責任歸屬。沒有直接的關係，就會出現各種推測。

如果不是一次火山爆發，而是一組科學家趁著里約熱內盧地球高峰會期間展開一項實驗，打算抵消掉兩百年來的全球暖化呢？

我們會希望，這項實驗的設計最起碼要能避免20萬人撤離和3百人死亡。然而，即使沒有這些太過直接的影響，我們仍然很難想像有哪個大學的機構審察委員會（負責監督研究工作的安全性），會批准這項實驗。

通常，像是要求受試者動一動滑鼠、回答幾個善意問題的單純電子郵件調查，要得到批准已經夠難了，更別提那些要替病人注射更有療效、但很可能有不良副作用的新藥的研究。現在想像一下，我們要模仿皮納圖博火山的效應，把專門設計的微小顆粒刻意注射進平流層，目的是改變全球氣候。

別管機構審察委員會了。社會大眾或許有話要說——在正常情況下。就算實驗的結果只是讓全球氣溫下降得非常均勻，絲毫沒有區域溫差（最後的結果並非如此），大家對於「合適的」氣溫仍然很難有一致的想法。

如果你住在開普敦、舊金山或地中海沿岸，你基本上已經享有全世界最穩定的理想氣候。為什麼要改變現狀呢？

假如你住在高緯度地區，升溫幾度在你個人看來未必是壞事。為什麼要降回去？要是我們真要降溫，該降幾度？工業革命前的氣溫似乎是合理的目標。不過現今的氣溫也不錯。

這些問題都沒有正確的答案，只不過，我們需要強有力的、全球性的機構和組織良好的治理過程，盡可能以最民主、通達的方式考量各方意見，來做出這些決策。這是非常高的要求。我們並沒有全球性的政府。相反的，我們必須運用現有的狀況。這是個四分五裂的全球治理綜合體，有不完美的代表人，以及更不完美的決策過程。美國官方決策雖然處於停滯，但至少有正式的決策過程。在全球方面，我們尚未建立起讓我們能夠對話的機構。

所幸，我們還用不著決定是否要採用地球工程來降溫。不幸的是，由於未能控制市場力量來解決全球暖化問題，逼迫我們不斷朝那個方向前進，不管我們願不願意。

「搭便車」遇上「隨便開」

氣候變遷是個問題，因為太少有人把它視為問題。而我們這些認為它是問題的人，除非能說服其他人採取行動，否則也束手無策。我們要不是替大家解決這個問題，就是無法替任何人解決問題。

說穿了，這就是氣候變遷難以解決的問題所在。單靠一己之力，頂多就只能大聲疾呼，希望做出適當的政策，這樣就能把其餘的人帶往正確的方向。同時，全世界七十億人絕大多數是搭便車者，我們享有奔馳的好處，沒有為我們的所作所為付出全部的費用。

更糟的是，全世界每年補貼排放污染的總金額達到5千億美元左右，平均每噸二氧化碳補貼大約15美元，而且多半是在石油儲量豐富的國家及開發中國家，像是委內瑞拉、沙烏地阿拉伯、奈及利亞，以及中國、印度和印尼。當中的每一分錢，都代表著一步步遠離適當的誘因。我們非但沒有為污染的特權付錢，反而還有錢可領。（同時，在美國大多數的州，二氧化碳價格差不多等於零或接近零，只有加州例外。這個估計值是假設，每噸二氧化碳3美元左右的補貼，大約可以靠一些直接和間接的措施來打平，譬如效率標準和再生能源使用規定。）

每次搭飛機往返紐約和舊金山，大約就會把一噸的二氧化碳排放進大氣中，在你的旅途結束後，其中一部分還會在大氣中留存數十年甚至上百年。這只是計算了你個人的，不是整班飛機的，一架飛機的排放量是這個數字的幾百倍。此外，那一噸的二氧化碳，會為經濟、生態系和健康帶來價值至少40美元的損失。

為了方便討論，我們假定每年七十億人全都搭一次飛機。另外再假設，每個航班都會製造大約一噸的二氧化碳排放量。（從歐洲飛美國的橫越大西洋航班，大約就是這麼多的排放量。至於第一個假設，當然不是真的。就像其他大多數的全球暖化污染源，搭飛機旅行主要是有錢人的活動。每年全球約有三千萬班民航班機，運輸三十億旅客，這不代表每年有不同的三十億人在飛行，而是每年有不到十億人搭了幾次班機。不過，我們就暫且以七十億旅客來討論。）

如果有七十億人搭飛機旅行，每人各增加了一噸的二氧化碳排放量，我們總共就會產生價值七十億乘上40美元的損失。除以七十億，就得到每人要面臨的40美元價格。

每個人最後都要支付40美元，但目前沒有人需要付這個理想中的40美元。

這就是問題的癥結。價值40美元的損失並沒有算進你的機票裡，反而只有替其他人搭的班機產生的損失，付了一分錢的幾分之一還不到。其他人也一樣。每個人面臨完全相同的選擇集合：「我的利益，七十億人的成本。」我們共同承擔了碳排放的成本，但沒有人面臨他們自己的旅行時的全球暖化污染成本。結果，我們經常飛行，讓社會負擔龐大的代價：精確地說，就是七十億乘上40美元。

總成本非常高。不過，沒有人有適當的誘因，想嘗試做點什麼。在個人的層面上，由飛行造成的40美元損失，回到其他七十億人每人的不到一分錢上。沒有人會起身阻止你搭上飛機，或是起碼要你為航班即將造成的損失付費。自願協調的工作是不可行的。讓七個人意見一致，很不容易；要取得七十億人的同意，根本就不可能。這必須靠各國政府的參與，但我們發現，即使是政府間的全球合作，也十分困難。

到目前為止，情況不大好。然而搭便車只是問題的一半。

「隨便開」的問題可能同樣重大。掌控方向盤的是地球工程，而這又把我們帶回到皮納圖博火山。2千萬噸左右的二氧化硫，成功抵消掉大氣中5千8百50億噸二氧化碳造成的全球暖化效應，這是槓桿作用。這也是說，如果科學家有辦法刻意複製皮納圖博火山效應的話，它可能很便宜——所謂的「便宜」，是從2千萬噸物質送進平流層的直接工程成本來說，但從整體結果來看，不見得便宜。

我們也許痛恨這種「外加另一種污染物來抵消大量污染物」的概念，但整個計畫簡直便宜得不容忽視。

而且這並不是要人真的像皮納圖博火山那般，把2千萬噸二氧化硫丟進平流層。最起碼，根據目前的技術和知識，可能是以硫酸蒸氣的形式把硫送進去。

不用多久，我們也許會看到專門製造的顆粒，可用最少的物質把最多的太陽輻射反射回太空中，也就是用較少的物質達到相同的作用。也許有幾十架飛機組成的機隊，晝夜飛行。有些人甚至已經開始計算，需要多少架「灣流G650型」噴射機來拖載所需的物質。這些具體的細節確實「太具體」了。重要的是，不管是相較於二氧化碳造成的損失，還是相較於減少排放以避免損失的成本，這個做法的總成本都很低。

但是，實際的數字雜亂無章，而且全都是依據估計值得來的，大多數是把直接工程成本設定在一年10億至1百億美元。這是全球均溫降至工業革命前水準的工程成本。

這並不是小數目，但絕對已是許多國家、甚至古怪億萬富翁的能力所及。

如果今天排放一噸二氧化碳的成本是終生40美元，我們所說的就是每噸相當於幾分錢；這少了三個數量級，而且和起初造成這個問題的搭便車問題狀況類似。原本是一人享有橫跨東西岸來回飛行的所有利益，而由其他七十億人為一噸二氧化碳造成的氣候損失，每人支付不到一分錢，現在是一人或一國能夠支付進行全球地球工程的成本——而且可能不用徵求其他七十億人的意見。

這就是另一種隨便開問題。

如果氣候變遷是所有外部效應之母，地球工程就是所有外部效應之父。全世界就像夾在中間的孩子。如果老媽說「不行」，就去找老爸，看看他會不會說「可以」。成功的機會還挺大的，畢竟他與老媽面臨的誘因恰好相反：全球規模之下的黑臉白臉遊戲。

地球工程太便宜，無法把它駁斥為邪惡科學家所發展出來的非主流目標，他們喜歡找尋下一個譁眾取寵的議題來吸引注意和經費補助，就像某些專家會做的。倘若真的要說，也是一些最有經驗、最嚴肅看待這個議題的氣候學家。而且不是因為他們喜歡這麼做。

安全帶與速限

一九七五年2月，當時的生物醫學研究知名人物，造訪位於加州太平洋叢林鎮的小型海濱度假勝地，針對重組ＤＮＡ研究的新興學門，討論實驗室安全標準。前景一片看好，但也有重大危險——至少不是因為科學將走在大眾前頭，引起輿論的強烈反對聲浪，結果惹來抗議，實驗室經費中斷，研究計畫暫停。據說那一次是成功的會議，那項研究其實早在會議舉行之前，就因為公眾強烈抗議其潛在危險而暫停了。從那場會議之後，重組ＤＮＡ研究為世人帶來了許多成果，包括B型肝炎疫苗、新型胰島素、基因療法，以及一座諾貝爾化學獎——頒給一九七五年會議的共同主辦人伯格（Paul Berg）。

那次的會議也示範了科學家在自己的研究遇到敏感議題時，可以怎麼做、以及該如何做，才能引起公眾關注。在太平洋叢林鎮艾西洛馬（Asilomar）會議中心要舉行一九七五年的會議之前，甚至連伯格自己的研究夥伴都要求他暫停研究，因為擔心生物性的危害可能會讓實驗室技術員罹癌，或是導致更嚴重的後果。「艾西洛馬進程」

使科學家放下疑慮，協助指引接下來數十年的科學政策。

如今要相信幾十位生物學家、幾位醫師和形單影隻的律師聚在一起開個會，就能平息公眾和決策者的不滿，以便繼續做該做的科學，這種想法幾乎很可笑。你已經可以想見陰謀論會如何滿天飛。報紙和社論的標題大概會這麼寫：

「怎樣才能適可而止？科學家該不該自我設限？」

「改造基因的勇敢新世界」

「改造地球：誰決定？」

地球氣候的「化療」？

前段的第三個標題真的有人使用過。

《新科學家》雜誌就用了它做為文章標題，這篇文章寫到了「艾西洛馬2.0」這場會議；至少會議的主辦人想藉此名義讓大家知道。二〇一〇年3月，重要的氣候學家、初露頭角的地球工程學家、幾位記者，以及形單影隻的外交官和環保人士們來到艾西洛馬中心，試圖重新喚起一九七五年會議的精神。這次齊聚一堂的，是另一個新興研究領域的知名人物，這個領域前景一片看好，而且相當可能引發社會大眾的強烈不滿：地球工程。

其中一位主辦人的開場白，點出了會議的基調：「在場許多人都希望我們不用坐在這裡。」大多數的科學家都希望，全世界在幾十年前就聽從他們的建議，對全球暖化污染做出因應。已故的氣候學家史奈德（Steve Schneider）在會議上熱情地講述著，自己的氣候研究已經提出了最早的警訊，甚至比一九七五年還要早。他才剛寫完自己的第一手報導，《科學如接觸式運動》（Science as a Contact Sport），而他並不是為了賣書或簽名而來的。接著他開始感慨，事情已經走到此地步。發言的每位科學家開頭都會說，「早就告訴過你」這種話是苦中作樂。

這場會議最後做出的聲明，開頭就提到要明確而「堅定地致力減緩溫室氣體排放」，以解決問題的根源。

這就是我們現在面對的狀況。有一些最堅決的氣候學家把目光轉向地球工程——不是因為他們喜歡，而是因為它很可能是我們避免氣候災難的唯一希望。正因如此，皮納圖博火山式的補救辦法，近來已經備受關注。

這些氣候學家還特別指出一個關鍵問題，這個問題在討論地球工程時就會浮現出來。我們捲入了隨便開問題之後，花在解決搭便車問題的時間自然就減少了。生活充滿了權衡：如果大半的工作時間都用來擔憂噴進大氣中的含硫微粒，你就不會花那些時間去想怎麼讓大氣中的碳量減少。這是科學家面臨的最主要的權衡。

走出實驗室之外，也會面臨同樣的難題：如果我們知道最新的技術發展既可解決問題，又不會改變我們的生活方式，為什麼還要減少排放？最無庸置疑的回答就是，實際上地球工程並沒有解決問題。它也許可以治療一些症狀。挑個你最喜歡的比喻吧。就好比為地球做「化學療法」或「氣切」：在預防及其他各種治療都無效的情況下，所做的最後嘗試。

若用比較貼近氣候變遷的類比，地球工程其實就是在處理升溫及其他氣候衝擊。如今雖然沒有人會否認我們必須適應已經存在的全球暖化，但就在不久之前，環保人士還告誡我們不要說出「適應」二字；他們擔心，這麼做會阻撓各種減碳的努力。

繫上安全帶，讓某些駕駛人產生安全感，結果他們反而橫衝直撞。但我們不能以此做為理由，反對繫安全帶的相關規定。這件事只是表示，我們也必須規定（並執行）速限。換言之就是：**限制碳排放量**。

把數百萬噸人造微小顆粒注入地球的平流層，形成某種算是遮陽罩的東西，類似這樣的想法如果沒有嚇到你，那麼你並沒注意這件事。不怎麼意外的是，我們發現絕大多數的美國人也沒有留意到。耶魯大學氣候民調大師李瑟維茲（Tony Leiserowitz）就曾問過美國人：「如果有聽過或讀過，你對地球工程這種解決氣候變遷問題的可能方案，有多少了解？」占了74%的絕大多數人回答：「完全不清楚。」其餘26%聽過這個名稱的人當中，只有3%知道它是什麼意思。

這並不表示我們不該把地球工程當一回事。我們可能快速衝過了太多的氣候變遷臨界點，已經必須把這種全球「化療」列為B計畫。

最起碼，我們應該找出有哪些全面的影響。我們不能心存樂觀地等待，也不能期盼隨便開效應永遠不會發揮威力。

讓地球降溫，要快或慢？

受皮納圖博火山啟發而生的地球工程會有吸引力，主要是因為它標榜速度快、價格便宜且效力強大。但這不是唯一的地球工程選項。地球工程的基本概念，是把更多的太陽輻射反射回太空中。在平流層注入含硫微粒，只是其中一種方案，而且是最大膽的一種。

「把屋頂漆成白色」是另一種。背後的邏輯可以歸結到為什麼冬天的外衣往往是黑色的，而白色是夏天的流行色。黑色會吸熱；白色會散熱。這也是北極海冰融化令人焦慮不安的理由之一。少了白色表面讓太陽光散發回太空中，深色的海水和表面容易吸收陽光，讓地球進一步加溫，造成惡性循環。地中海一帶隨處可見的白色屋頂，促成了當地宜人的微氣候。有些方案是要我們在其他地方的都會區複製這種效應。理論上聽起來很不錯，但有至少三個問題。

首先，在執行這種做法之前，我們必須清楚知道整體的影響。白色屋頂雖然會把更多陽光反射回太空中，但這只發生在屋頂的表面。反射的陽光不會乖乖地散逸至太空中，反而是打到煤灰及其他各種空氣污染物和微粒，在某些污染嚴重的城市，這種做法可能會讓情形變本加厲。

第二點是規模的問題。即使全世界所有的屋頂都漆成白色，發揮的作用仍只有皮納圖博火山一次爆發帶來的影響的十分之一。

這就把我們帶向第三個基本問題：油漆上百萬個屋頂，與仿效皮納圖博火山，兩者的屬性恰恰相反。想讓幾百萬人做某件對地球有益之事，這直接回到了搭便車效應。協調工作會是難題，除非油漆屋頂的舉動可省下其他開銷，譬如不再那麼需要開空調。要是有實質花費（而又沒有直接的補償金），協調起來會更加困難。

在皮納圖博火山式的把硫注入平流層，和把屋頂漆成白色之間，還有許多選項。有個經常提到的做法，是製造人造雲或把原有的雲層變亮。你可以想像一支外形帶著未來感、由人造衛星導航的船隊，把水噴進空氣中來造雲。不需要幾百萬人做對的事，也不必把任何東西注入平流層，同時還要擔憂那些東西哪天又會變成困擾的污染物。你只需要水氣，而事實上，有些絕佳的方案已經在研究其可能性。簡而言之，也許有效，要強調「也許」二字。變亮的雲層有可能讓平均氣溫降低，甚至還可以針對特定區域來施行。

針對特定區域的干預，可能可以避免較為全球性的、皮納圖博火山式的地球工程引發的某些問題。不過，可能仍有許多帶來重大影響的副作用。印度的雨季雖然「只是」區域現象，一個人口超過十億的國家卻要仰賴它供給飲水和食物。

一如我們不斷談到的，這是權衡的問題。氣候變遷本身就會有許多令人討厭的副作用。**既然如此，問題就不出在地球工程本身是否可能造成破壞。**（的確有此可能。）真正的問題在於，氣候變遷加上地球工程，是比徹頭徹尾的氣候變遷好還是壞。

有一點是很明確的：在任何一種區域型地球工程方案中得到了什麼，可能就會在槓桿作用中失去。把雲層變亮雖然仍會比防止二氧化碳排放便宜，但成效有效。皮納圖博火山式的地球工程有更為強大的槓桿作用，因此也有更大的整體影響力——無論好壞。

從皮納圖博火山式的方案，到把雲層變亮，和把屋頂漆成白色，所有這些地球工程方案有一個共同點：並沒有碰觸到原先已經存在空氣中的二氧化碳。因此，這些方法

可能很便宜，而這也意味著，這些方法避開了問題的根源。

這就要說到「二氧化碳吸除」（也稱為「直接除碳」）。這還有各種不同的名目。譬如「空氣捕集」，是直接從空氣中提取二氧化碳，再埋進地下。「碳捕集與封存」是捕集煙囪中排放的二氧化碳並加以處理，以阻止二氧化碳進入空氣中。「海洋施肥」正如其名，是把鐵或其他養分投入表層水域，讓水域成為吸收二氧化碳的天然沃土。「生物炭」其實是木炭的花俏說法，作用可能和其他方案類似：把二氧化碳從空氣中提取出來，以免又散回大氣中。你甚至可以把平凡的老樹也列進去；樹在生長過程中自然就會從大氣中吸收二氧化碳。事實上，除了閃開別擋路，人類幾乎什麼事都不需做。在許多情況下，只要沒有額外的干擾，大自然會負責造林。

大家對於這些方案的成效，持不同的意見。對於這些方案是否該稱為「地球工程」，也各有看法。就意圖大規模改造地球大氣層的意義上，這些都是地球工程的方案。不過，有待討論的正是規模問題。

大部分的做法都會正面碰上搭便車問題。若不是去協調幾百萬人的行動，以產生影響，就是由一個人花大錢，金額多到他不太可能這麼做。換句話說，這些做法沒有幾個具備了皮納圖博火山式地球工程的獨特屬性。同時，這些做法的槓桿作用小了許多，往往價格昂貴，而且速度緩慢。事實上，這些方法看起來比地球工程更像是從根本上減碳。

當然，我們並不是要說全世界不該考慮這些做法。比方說，我們應該要種更多樹，幾乎不必管這些樹對氣候有什麼影響。把屋頂漆成白色，以節省空調花費，道理也是如此。但這不代表，我們應該勉強接受這些方法以及皮納圖博火山式的地球工程。對屋頂漆成白色和任何形式的「二氧化碳吸除」來說，不管是種樹、海洋施肥還是煙囪碳捕集，也都是如此。所有的方法都很重要；沒有任何一種做法，與直接把硫或其他微粒注入平流層，歸類到同一個類別。

對速度上癮

每個人喝下生平第一杯咖啡時都會覺得苦，不管你加了多少糖和牛奶。第二杯或許就好喝多了。等到第20杯，你可能還不覺得自己上癮，可以輕易地不喝第21和22杯。第23杯時，你發現了卡布奇諾，而不管你做了什麼，到人生中的第一百杯時，你上癮了。從此再也克制不住。

模仿皮納圖博火山的方式讓地球降溫，也遵循類似的模式。首次嘗試實施地球工程，很可能會失敗。到第二十次時，我們或許想要休息一下。到第二十三次，我們會發現更加完善的技術，然後遲早變得無法停下來。

初創時的艱困是在所難免的。皮納圖博火山式地球工程令人擔憂的另外一面，就是上癮的成分。

一九九一年的皮納圖博火山爆發，抵消了0.5℃的升溫。兩年後，來自皮納圖博火山的殘餘二氧化硫大部分已跑出大氣層，火山的降溫效應逐漸消失，氣溫又回升0.5℃，此後繼續升高。

到現在為止，氣溫已經比工業革命前升高了0.8℃。如果我們想運用地球工程消除這個增溫，然後突然不得不暫停，氣溫可能又會回升0.8℃。如果到二一〇〇年之前，我們一直沒有嚴格限制碳排放，回升值有可能高達3到5℃。目前科學家還不知道，如果突然上升0.8℃會發生什麼事，但他們非常確信，突然增加3到5℃會造成嚴重的問題。在接下來一百年緩慢升溫3到5℃，已經夠糟糕了，因地球工程突然停止而引起的「驟升」，可能會導致其他各種問題。如果要把主要農業區從美國中部的堪薩斯州移轉到加拿大，從各方面看都是具破壞力的，但若分散在一百年來做，至少有可能辦到。必須在一年甚至十年內做到這件事，就難以想像了，起碼成本就會大幅飆漲。

到那時，金錢成本或許就是我們最不擔心的事。大家很可能更要擔憂，持續的皮納圖博火山式干預不會無緣無故中斷：不管是哪種全球規模的地球工程，都需要史無前例的全球治理體系，很容易想像讓體系瓦解的各種原因。

戰爭也是其中之一。甚至連通常的政治變局也會是原因；不管哪個地方發生了政權更替，都可能危及為了每個人的全球協議，而這很可能又會導致戰爭。既然各方軍隊已經把全球暖化視為對國家安全的威脅，全世界最好還是做到有備無患。皮納圖博火山式地球工程的上癮成分和不堪干擾，最後可能會成為它本身的最大問題。

在跑之前要先會走，運用之前要先做研究

幸好，今天我們還沒到讓人鄭重提議要大規模運用地球工程的地步。甚至連《贊成氣候工程的理由》的作者凱斯（David Keith）都說，他不會贊同現在實施地球工程。然而，我們已經錯失了有識之士提議要研究地球工程的時機，凱斯就是其中一位。

「艾西洛馬2.0」會議上滿是積極研究該怎麼做的研究員和工程師，他們希望獲得一

些準則，以便朝著適切的方向繼續研究。實驗室裡已經有大量的選項。研究員想知道他們還要走多遠，才能實際測試自己的方案並加以改善。

以整個地球為測試對象時有個真正的障礙，在於分辨出雜訊中什麼時候會出現訊號。實驗越龐大，就越容易偵測到效應。不過，研究和實際運用之間的界線很快就會模糊難分。結果發現，即便是研究皮納圖博火山的全面影響，在訊號／雜訊這個問題上也遭遇到困難。將兩千萬噸二氧化硫注入大氣層，是一次重大的中斷。很清楚的是，幾乎沒有其他事件能在隔年導致全球降溫0.5℃的效應。同樣的，合理的大氣機制可以解釋，額外增加二氧化碳然後再藉由地球工程方案來稍作調整，會如何使全世界降雨減少。單單這件事，就說明了乾旱的發生機率會升高。不過，儘管歸因科學有總體的進步，要說某次水災或乾旱與單一的地球工程干預有關，仍然困難重重。

因果與究責

輿論對於出錯和意想不到的後果，不會有什麼好的反應。而地球工程就是充滿了出錯的可能。但並非所有的差錯都是一樣的。

不作為和罪責之間有個很大的差別：開車經過車禍事故現場卻未停車幫忙，是差勁的，但這不像車禍肇事那麼差勁。

開車經過卻沒停車，是不作為。對於牌照上印著「M.D.」的人而言，這可能是違法的舉動，因為那帶來某些特別待遇，但也代表責任加重。不過，醫生的誓言只是「不造成傷害」，他們並沒有立誓要救助每個地方的每個人。

「罪責」就比較惡劣了。不管怎麼看，造成車禍都是壞事一樁。

研究皮納圖博火山帶來的效應是一回事。危害已經造成了，沒有人能阻止火山爆發。結果它也是迄今研究得最徹底的大型火山爆發。我們不妨就全力以赴。（如果不把它研究透徹，可能就算是不作為了。）

在電腦上模擬皮納圖博火山式的干預，也同樣簡單，而且價格便宜，衝擊性低。這可能會使注意力從其他致力於限制碳排放的嘗試轉移開，但最壞的狀況大概就是這樣。研究所學生在週六多花點時間在實驗室裡多跑一個模擬，沒什麼壞處。

如果是科學家到實驗室外面，刻意對大氣層做實驗，情況就不一樣了。這下就進入罪責的範疇，而且是複雜的罪責。把作物歉收的原因關聯到半個地球外的一個小實驗，怪它產生的數據不夠多，導致無法從其他氣候雜訊中分辨出有用訊號，這也許不合理，但其實無關緊要。輿論法庭上的舉證責任，將會落在那些進行實驗的人身上。

我們很快回顧一下，試著客觀看待本章提出的問題。從19世紀以來，溫室效應就是不爭的科學事實。「全球暖化」這個用詞自一九七五年開始出現。相關基礎科學已經確立了數十年。

我們沒有理由認為，**把大氣當成我們的二氧化碳排放下水道，是不浪費成本的、不違反道德標準的。**

全世界七十億人口，尤其是其中10億的高排放者，每一天都在製造罪孽。我們的集體行為帶來的影響，最後可能會釀成災難，讓人類喪命。沒有哪一個人要為任何一件與氣候變遷有關的死亡負責，但集體來說我們都有過失。

現在再拿一群致力從全球暖化困境中尋找出路的科學家，來做個對比。他們懂科學。他們了解，搭便車效應阻止社會大眾及早減碳。他們明白，隨便開效應的誘惑力把我們推向太過誘人的權宜之計。他們正努力弄清楚那個權宜之計是否真有成效，會如何發揮作用，以及要怎樣運用對地球來說才算安全。

我們不是在為任何一種及所有的科學（不當）作為找藉口。就像其他各個行業，科學也有許多離經叛道份子、受雇於人者，和居心不良的傳道者。不是所有初露頭角的地球工程學家都該當成英雄，但最起碼在證明不是之前，不該把他們視為「〇〇七電影」裡的反派角色。科學家自己也在尋求指引，我們可以從「艾西洛馬2.0」會議和許多類似的努力看到這點。他們知道不能單打獨鬥，即使想要這麼做也不行。而大多數人並不想。

實事求是的提案

關於下一步該怎麼做，比較明智的提案之一就來自凱斯：提出「暫時禁令」。

要達到這個狀況，還有很多事要做。科學家自己必須意識到，科學若走在公眾對話的前面，顯然會有風險。防止這種狀況的唯一辦法，就是自己提出暫時禁令。在〈打破地球工程研究治理的僵局〉這篇文章中，凱斯和帕森（Ted Parson）提議要靠下列三個簡單步驟，來引導地球工程方面的研究：

第一，接受凡事必有極限。

第二，針對超過一定規模的所有研究，斷然宣布暫時禁令。

第三，為研究的進行設定出明確而非常低的上限。

就某方面來說，這三個步驟只是定下了研究的自然發展過程：小處著手；實驗；評估；迎接下一個挑戰。他們的想法是，像這樣公開宣布「暫時禁令」，起碼會讓大眾可以接受小型的實驗。當然，一切取決於界線要畫在哪裡。帕森和凱斯並沒有明白說出他們的「明確而非常低的上限」在哪裡。一定要非常低：零是很好的起點。

在這些討論中，我們也必須意識到，人類已經把非常大量的污染物排放進大氣中，包括一些地球工程學家提議用來幫地球降溫的那些物質。會產生出任何一種噴射引擎帶來的少部分影響的研究，是一回事。研究的規模要是大到會產生超出實驗限制的明顯後果，這項研究顯然就是不切實際的。無論如何，我們的目標必須是去更清楚了解整套的效益及成本——尤其是地球工程的成本。

皮納圖博火山式的地球工程是個隨便開問題，這件事就表示，遲早難以維持住這種自己提出的暫時禁令。只要世界上有十幾位地球工程學家，他們彼此相識相敬，而且全都贊同不要讓科學超前公眾的重要性，還沒什麼問題。然而我們不難想像，某個地方會有某位科學家想留名，獨行其事。

這當中還有更大的問題在發揮作用。暫時禁令的目的是什麼？最後我們可能需要針對解除禁令，進行一番對話。接下來呢？我們該如何決定解除禁令？又該由誰來決定？

6

CLIMATE SHOCK

無論是或不是詹姆士龐德式的小說，有件事很明確：地球工程仍需要人為干預。

進片頭音樂。貌似史恩康納萊的人走進酒吧，一口氣喝光馬丁尼──用搖的，不要攪拌。他不動聲色地站著，整間酒吧因為剛才的爆炸突然陷入一團混亂，爆炸或許是也或許不是龐德先生本人的傑作。

酒吧裡的男人：一小時後有班要飛邁阿密的飛機。

龐德：我會搭上這班飛機，但我要先把還沒處理完的事情搞定。

快轉跳過翻雲覆雨的鏡頭，場景切換到邁阿密海灘度假飯店。棕櫚樹。飽覽大海的無邊際泳池。這座無邊際泳池過去在海水漲潮時還能高出海面，如今，幾乎每週一次的風暴不斷把海水打進泳池裡。

老闆：你不會相信風暴讓我們砸下了多少錢。我們每年還要關閉兩個星期，而且是在旅遊旺季。不能再這樣下去了。

政客：這還用說嗎？整區都被害慘了。去年三條街的房子全沒了。最有錢的贊助人全部跑光，都轉移到山坡上的米勒去了。這下他獲得眾人的青睞。我完了。我懇求你不要搬。拜託了。

老闆：我哪裡也不去。受不了米勒。別擔心。

一陣沉默。

老闆：只不過有一件事……

英國安全局總部。龐德正和他的頂頭上司M一起快速翻閱圖表。

M：問題就在這兒。它會有很多好處。想想看，完全抵消掉兩個世紀的全球暖化，讓氣溫回到我們開始集體燃煤之前。但若落入不法人士之手，就成了武器。

龐德：成本呢？

M：小錢，至少對這個傢伙來說。

龐德：但為什麼要做？

M：錢啊。總是為了錢。他一直在以廢料價值收購海濱度假飯店……

龐德：……而且是趁其他人撤到內陸的時候。混蛋。聰明的混蛋。

場景切換到聯合國設在阿布達比的總部，空拍鏡頭對著位於122樓的鑲木牆面辦公室，總部由世界上最堅固的海堤防護，擋住上升的海平面。二十大強國的領袖紛紛對印尼發言回應，因為大家發現印尼去年一直在進行後來稱為「皮納圖博二號」的實驗，也就是刻意把硫注入平流層，藉此模仿皮納圖博火山的全球降溫效應。

美國國務卿：無法接受。這根本於法無據。

印尼：我們已經處於緊急狀態超過十年了。國土流失，作物歉收，我們光是去年就有三萬人死亡，兩百萬人遷移。一切的起因都是更強烈的風暴和海水上升。

印度：氣候難民。

美國：對不起，您說什麼？

印尼：難民。氣候難民。撤離了超過一百座島嶼，難民人數上萬。

美國：好。那我們講到哪裡了？

印尼：我們的三階段研究計畫的第二個階段已經結束——也就是逐漸增加飛機，把更多的硫酸蒸氣注入平流層。一切符合國際最高標準。有貴國哈佛大學雅加達分校的研究所學生，來協助分析數據。經費來自敝國的國家科學基金會。幾位來自全球的優秀專家擔任國外顧問。我們正準備啟動第三個階段，全面施行……

美國：……但是有個安全漏洞，洩漏了貴國的計畫藍圖。外面有人偷走藍圖，開始任意行事，要把硫酸劑量增加成四倍。而且將近一年沒人發現。是，怎麼了？

印尼：第一批數據在此。

印尼代表指向一張圖，圖上的曲線像極了平躺的「曲棍球桿」，長桿在地，桿頭朝上翻：平流層中少量的微小硫顆粒，讓全球氣溫稍有降低；劑量越高，反應越顯著。

印尼：有個東西我們就是不明白。劑量變成三倍之後，有個中斷點。高得嚇人。

美國：你們有多少把握？

印尼：足夠讓我們今天召集各位來這裡開會。從那之後，我們就完全收手了；不再把硫送進平流層。不過，有個人接替我們的工作，然後是幾個人。

鏡頭拉遠。討論仍在繼續。

同一時間，在英國安全局總部，龐德和M看著這場討論的錄影畫面。

龐德：現在我們講的是十倍？

M：注入平流層的原始硫劑量的十倍。

龐德：而且我們不知道是誰，因為全世界有太多私人飛機駕駛員有可能獨自做到這件事。

M：對。除非……

龐德：什麼？

M：除非我們有線索。

龐德的噴射機在巴西的里約熱內盧著陸。在飯店櫃台辦理入住，進到房間後拿起電話。

龐德：很好。晚上十點。頂樓酒吧。

頂樓酒吧。掛鐘的數字顯示「22：00」。龐德進門。

龐德：兩架噴射機。幹得好。

里約人：私人噴射機。

龐德：飛機狀況？

里約人：好得不得了。最新型。嗯，完全正常。
龐德：但是？
里約人：沒有座椅。沒有設備。什麼也沒有。只有……
龐德：……一道暗門。
里約人：真想不到如今壞蛋處理屍體要這麼麻煩。
龐德抬眼看了一下，喝光杯中飲料。鏡頭移向掛鐘：22：00。
龐德：這是樂趣。

以邁阿密海灘度假飯店的空拍鏡頭開場。老闆正和員工說話，被電話聲打斷。
老闆：有多少？二？哈，百分之二。有消息再打給我。

我們不是第一個呼籲大家提防，可能會有某位「綠手指」獨自把持皮納圖博火山式的地球工程。「綠手指」這個說法，是政治學家維克多（David Victor）創的，就用來形容上述這種可能性。這聽起來或許就像小說家佛萊明筆下的世界頂尖情報員一樣不太可能發生，但也不是完全不可能。

以下內容跟前面的劇情有關：原來，虛構的多金飯店老闆竟是某個全球陰謀的幕後主使，他們計畫操縱那個出發點很好、有專家控管、由印尼主導的地球工程試驗。我們也許想像不到，怎麼可能有人偷走那麼多的硫而沒被發現，或是在未來是不是仍選用以硫為主的微小顆粒。這就留給編劇去想了。

還有很多政治上和其他方面的疑問。成員增加到二十國的聯合國安理會，會在印尼有辦法展開長達十年的「皮納圖博二號」實驗之前介入嗎？這項實驗可能在沒人發現的情況下完成嗎？各國會公開譴責，但私底下容忍甚至樂於接受嗎？

有幾點是無庸置疑的。靠著高空飛行的噴射機把上百萬噸硫酸鹽顆粒丟進平流層，這是一個國家有能力做到的，尤其是像印尼這般規模的國家。動機也同樣明確。孟加拉經常出現在這個例子裡：海平面上升，低窪國家就會消失。數千萬人遷移。東亞還有數千萬人仰賴河流維生。數百萬人仰賴其他各種氣候模式，這些模式幾千年來是相對穩定的，促成了今天我們熟知的各個文明。攪亂了這些模式，很可能就會觸發干預的欲望。倘若孟加拉或印尼或印度或中國的國家安全顧問沒考量到這種可能性，那就是失職。

我們沒有必要指責哪個國家；任何一個大國，不管是不是開發中國家，都有這種能力。特定的地球工程方案，也許幾乎不可能通過美國環保署的審核，而在像印度或印尼這樣的民主國家，這種事甚至更不可能發生。或者，也可能不是。重點是，的確有此可能。隨便開效應幾乎可以保證，這有朝一日終會發生。

氣候戰爭

氣候：我們可以擺出各種政治角力理論棋局，看看棋子該往哪裡放。

假想一下，如果氣候變遷擾亂了印度雨季，連帶波及次大陸數千萬人的糧食來源。

反過來說，地球工程有可能擾亂東亞河流，因而影響到中國數千萬人的糧食來源。要是符合印度利益的地球工程傷害到中國的利益，或是情形倒過來的話，會發生什麼後果？我們會希望見到人口超過十億的兩大核武國家，展開一場地球工程競賽嗎？

如果既有可讓地球降溫的皮納圖博火山式地球工程技術，又有能讓地球升溫的等效對抗手段呢？事實上，這樣的快速增溫技術也已經存在了。像氫氟碳化物這類工業廢氣，短期內的暖化潛勢是二氧化碳的一百到一萬倍以上。就讓「氣候戰爭遊戲」開打吧。

試想這麼一個場景：有個國家威脅要對抗任何一種單方面的地球工程手段。針對這個威脅採取行動，可能會給牽涉其中的各方帶來更嚴重的後果：地球工程加上反制地球工程，也許能讓全球均溫保持平衡，無論多麼不完美。不過，兩者可能各有各的副作用，這些副作用不太可能互相抵消。就算可以抵消，可能也是以硫為主的微粒以完全無法預期的方式，與氫氟碳化物產生交互作用。

我們也可以想像非線性的反應。劑量變十倍，反應變一千倍——套用「綠手指」情節裡的例子——這也許很難以置信，但不盡然如此。我們並不清楚地球工程在這種極端劑量下的槓桿作用，但不難想像的是，總太陽輻射量若大幅減少，有可能導致全球氣溫降到比工業革命前的氣溫還要低。失控的全球暖化很嚴重，製造出人為的冰期也不會是好事。

硫沒有性行為

無論是或不是詹姆士龐德式的小說，有件事很明確：地球工程仍需要人為干預。硫顆粒沒有性行為，不會自我繁殖，因此在放著不管的情況下，無法製造出失控的地球工程場面。造成浩劫的人類，不是大自然。如果我們暫停把微小顆粒送進平流層，已注入的硫幾個月過後就會清除，皮納圖博火山式的地球工程也將中止。

中止本身會有成本。而用「上癮」來比喻地球工程，相當貼切。但二〇一〇年為地球工程召集的「艾西洛馬2.0」會議上透露出來的隱憂，和一九七五年圍繞著生物技術議題的原始艾西洛馬會議上的憂心，類別不同。當時會而且今天仍然會害怕，重組DNA研究可能會複製出本身就能釀成災禍的生物。我們在第四章討論過、最後也排除了幾個生物技術方面的疑慮，這些疑慮會喚起大家對於天擇的恐懼：科學家不太可能戰勝自然，大自然之母已經嘗試了無數的DNA重組。然而在生物技術方面，至少有理論上的可能性存在，這樣的可能性在地球工程上卻不存在。科學家和氣候工程師有很多理由擔憂；顆粒的繁殖並不是理由之一。

如果地球工程真的可行呢？

你可以描繪出隨便多少個情境和假設狀況。地球工程也許很糟，真的非常糟，但我們當然也知道傳統污染很糟，或許比地球工程還要糟。注入平流層的硫酸鹽顆粒，最後會清除掉，顯然會嚴重影響健康，讓全世界成千上萬的人死亡。而在同時，傳統的戶外空氣污染今年就造成全球超過350萬人死亡。

如果地球工程真的可行，確實減少了一些最嚴重的全球暖化效應呢？也就是由燃煤造成以及還未帶來的那些效應。目前看來，最好的對策仍然是極力呼籲從最根本的減少二氧化碳排放做起。沒別的了。不過，往前看幾年甚至幾十年，我們可能還有其他選擇得考慮。

這是風險對風險的世界

地球工程議題的討論焦點，是「不作為」與「有罪責」之間的區別，那就像：開車經過車禍事故現場卻未停車幫忙，與車禍肇事者。

忽視合理明智的氣候政策，也許不會比設計錯誤來得糟糕。在政客的心裡，「避免被究責」是排序在很前面的動機。

如此一來，忽視地球工程，也可能不會比設計錯誤來得糟糕。這或許可以部分解釋，為什麼我們幾乎看不到地球工程方面的研究。

這條界線並非一直都劃分得那麼清楚。什麼是不作為，什麼是罪責，終究取決於你的觀點。現在全世界是犯了不作為的差錯，沒制定出明智的氣候政策，或是要負起罪責，製造過多碳排放量？除此之外，一定會有浮動算法。如果飛奔去拆除一枚定時炸彈可以救一千條人命，但途中可能造成一人死亡，那麼就很難說，不管那枚炸彈（不作為）是否真的不會比造成那一人死亡（罪責）來得惡劣。如果人數是1百萬比1呢？或是10億比1？

在10億比1和1比1之間必定有某個位置，不作為會變成像罪責一樣惡劣。如果地球工程確實有可能挽救或改善上百萬人的生命，到某個階段也許就值得權衡。但誰決定何時值得權衡？不可能就由少數的科學家來決定。我們也不能等待190餘國商定出行動方案。一定會有人在全世界達成協議之前，親自處理問題。

我們無法告訴各位，應該做多少地球工程。但多運用一點邏輯，我們起碼可以更接近某個決策準則——可回答這個問題的投票法則。

如果我們把地球工程放在聯合國氣候變遷綱要公約之中投票表決，就會需要一致通過。在那樣的機構裡，任何一個國家都能阻擋進展。毫不意外的是，這個進展很冷淡。相較之下，美國眾議院需要的是簡單多數決。實際上，美國參議院需要60對40的多數票，來對付冗長發言的拖延策略，讓議事順利進行。如果是協定，則需要67對33票。對於全世界該採用哪種投票法則，來決定氣候干預的最適劑量，可能會有一番永無休止的辯論。

以下是另一個提案：好好比較一下不作為和罪責這兩種過錯。如果你覺得罪責的惡劣程度或可能性是不作為的兩倍，理想的投票法則就需要達到三分之二的多數：2/(2 + 1)。如果你認為惡劣程度是三倍，就是四分之三：3/(3 + 1)。如果你覺得惡劣程度是四倍，投票法則就應該需要五分之四的多數：4/(4 + 1)。這個模式很容易理解。

這個公式背後的數學推導，用文字來敘述也許過於複雜，但邏輯十分簡單：如果罪責和不作為一樣惡劣，就進行地球工程。如果罪責重大，就不做。說得更具體些，就是在著手進行地球工程之前，需要大多數人表決同意。

這個簡單的公式可從許多方面來批評。首先，它會不會有點太過理性了？它確實假設，社會想做對最大多數的人最有利益的事。我們也許很難從理論上挑剔這個命題，但在實際上不像這麼回事。不過，在我們這個往往不合邏輯的世界，有個潛藏的基本邏輯會成立：相較於一開始在因應氣候變遷方面做得不夠，我們越是擔憂地球工程的負面副作用，就必須經由越多的人同意，才能展開任何一種地球工程干預。這不是什麼革命性的聲明。上述的公式就只是更加吸引大家的關注。

因此，連同（初期）暫時禁止超過一定規模的一切研究，我們可以用這個公式，來當作全球治理對談的起點。既然我們知道事情的關鍵在罪責（地球工程出了差錯）和不作為（由於未用地球工程來解決，結果全球暖化失控）之間的權衡，我們就直接把焦點放在這兩種過錯的權衡上。

當然，決定實際執行地球工程的投票表決規則，現在有點言之過早。我們必須先以研究為重。在這方面，檢視一下潛在的過錯也能給我們一點指引。也就是在出錯可能會帶來不良後果的時候。10、100、1千或更多人因為某種干預方案而死亡的機率有多大？如果有的話，我們透過地球工程引來了什麼樣的生存風險？

完全效益對成本，加上一些未知與不可知

下面這個問題或許是所有問題當中最重要的：地球工程的實際社會成本是什麼——還有把硫顆粒注入平流層可能帶來的討厭副作用——以及這些成本和潛在效益要如何比較？

光是狹義的工程成本估計就要10億至1百億美元，這個估計值會導致隨便開效應，但那並沒有說明更廣泛的實際社會成本。就我們現在所知道的，潛在副作用的間接成本最後可能會高過聲稱的任何效益。在某種意義上，沒有比這更糟的了：相信地球工

程會很便宜，可以創造奇蹟，實際上卻不是也不會如此。

這也是我們繞一大圈後又回到的原點：忽視我們的行動所帶來的完全成本和結果，一直是造成氣候問題的根本原因。我們就來看看目前提議過的各種解決方案，尤其是未知與不可知之事。

7

CLIMATE SHOCK

我們可以做些什麼

你可以做哪些事？其中一件是，別相信那種列舉出十件事，說你做了就能終止全球暖化的清單。

你投下的票「不算數」。

如果讓一群經濟學家待在房間裡，爭辯個人行為的智慧與美德，很快他們就會開始爭論投下那一票的價值：零——就某種嚴格、狹隘、「經濟學」的意義來說。

這是我們必須接受的殘酷事實，而且與要求善盡公民義務的每個呼籲相悖，但我們並不是隨便說說。你的一票會影響最後結果的機率實在很小，我們不如就說是零吧。在這方面做過的幾個最好的研究，像是由暢銷書作家席佛（Nate Silver）所屬的團隊所做的研究（席佛因為棒球統計和近幾年他主持的大選預測網站 FiveThirtyEight 而聲名大噪），算出你的選票會在一場美國總統大選中造成差異的機率，是6千萬分之一，這個數字也把二〇〇〇年大選時，小布希和高爾在佛羅里達州的對決包括在內。說得委婉一點，這些是高得離譜的賠率。即使你要投的候選人有辦法讓美國某一年的GDP提高0.25%，而且我們假設這是勢均力敵的選戰，你投下決定性的一票所帶來的個人利益，也只不過是1美分的幾分之一。換句話說就是：零。

我們不能把事情丟著不管。這會十分令人沮喪，且又相當心胸狹隘。或許統計學和經濟學本身並不是分析個人行為的適當工具。原因之一是，道德起了重要的作用。

為何要投票

自稱「理性」的經濟學家也許會繼續私下搖頭，針對投票這個無法解釋的謎團開開玩笑。對我們其他人來說，投票並不是謎團。我們都知道投票是應該要做的事。我們的軍人為了讓我們能投下那一票，奉獻自己的生命。這是神聖的權利，是民主的縮影。不去投票，就是蔑視美國的、人類的價值觀。我們不該就只是投票。我們應該搖動投票。最起碼我們該亮出醒目的貼紙，告訴大家我們已經投過票，藉此勸誘其他人也去做這件事。

你個人的金錢收益雖然是零，但這並不重要。重要的是做了該做的事，投票就是這麼簡單。你不需要在聖誕節的早晨帶著家人去愛心廚房做義工，也不需要額外付錢（自從禁止人頭稅之後）。有些雇主甚至會放你一天假。你也可以在不必公開的情況下表達自己的意見，不必跟人說你把票投給誰，只要你真的去投票了。公民義務履行了。

學術界有一套把事情複雜化的方法。以下是布倫南（Jason Brennan）所描述的「投票倫理學通俗理論」的濃縮版：

1. 每位公民都有投票的義務。
2. 任何一張誠實的選票在道義上都是可接受的。最起碼，投票比棄權要好。
3. 買賣選票本身就是錯的。

接著布倫南花了兩百頁的篇幅，抨擊這個通俗理論，最後為投票行為提出了一個更複雜的道德理由。他甚至能夠容許選民買賣手上的選票，但不是什麼選票都可以買賣。如果你不是投票支持比一己私利更重要的公眾利益，那根本就不要去投票。換句話說，我們的公民義務不是只去投票就好，而是要認真投票。這是難以反駁的強硬論證。要把票投給大於私利的理念。不要投給只承諾推動他們自己的（或你的）議事的那些人。要投給那些關注全體社會的人。

不管這在特定的個案中有什麼特殊意義，它顯然不是像「不確定我該不該去投票所以還是看電視好了」這樣的推理過程。起身去投票；這是我們該做的事。而且不要只是為投票而投票。要做個認真的公民。認真投下那一票。

這就表示，要認真思考過我們在這本書裡提出的問題，然後嚴正自問，是否要把票投給會採取行動因應氣候變遷的候選人。

為何要資源回收、騎單車、少吃肉

話題轉到減量、再利用和資源回收，這些是每個善心環保人士的口頭禪。關於這方面的思考，和討論投票的情形大致相同。你一個人的善意舉動並不會改變歷史的走向，資源回收不會終止全球暖化。我們當中有人還為此寫了一本書：《但地球會察覺到嗎？》

並不會。

當中的數學再清楚不過了，完全不必做什麼統計推理，就像我們分析你那張選票影響美國總統大選結果的機率有多大那樣。把你自己的碳足跡減少到零，是一種高貴的姿態，但效果無異於杯水車薪。確實是如此：美國標準大小的水桶可以裝三十萬滴水；但普通一個美國公民只是三億美國人之中的一位，而且是全球人類的七十億分之一。

每個人的一點一滴，不一定有幫助。套用麥凱（David MacKay）在分析更廣泛的能源系統會受到的影響時的說法，「如果每個人都做一點，我們也只會實現一點。」那為什麼還要實踐綠色生活？因為這是該做的事。我們也是從這當中學會，在我們因應氣候變遷問題時，必須更全面採取的價值觀。

資源回收。騎單車上下班。少吃肉。或許徹底變成素食者。也教你的孩子這麼做，刷牙的時候關上水龍頭。這對你有好處，對你周圍的人有好處。這是我們該做的事。但要把它認真做好。不要只是投票，是要認真投票。不要只是資源回收，要認真做好資源回收。

認真做好資源回收

如果個人的、根本上合乎道德的環保管理行動，比方像資源回收，能夠帶來較好的政策，請算我們一份。最後的目標是制定出最佳整體政策，把市場力量帶往正確的方向。因此，如果能多要求一個人多做一點資源回收，是邁向投票表決、選出符合公眾利益的政策的第一步，那很好。由小處要求大家「過綠色生活」，像是帶購物袋去買東西，他們可能就會感到更有道德義務，要為更大的環境問題做些事。心理學家把這稱為「**自我知覺理論**」：自認為更環保，就會投給更環保。

這就開啟了公民參與、有意識的行為改變以及促使地球更美好的良性循環：認真投票會帶來更好的政策，進而塑造出更開明的公民，更開明的公民又會促成更多人認真投票。認真做好資源回收會帶來更好的環境政策，進而塑造出更具環保意識的公民，而更具環保意識的公民，又會再促成更多人認真做好資源回收。

這不妨稱之為「**哥本哈根改變理論**」。丹麥人並不是某天一覺醒來，就決定要全民一起冒著北歐的嚴寒騎單車去上班，哥本哈根市長也不是某天一覺醒來，就決定要設置足夠多的自行車道，讓他的市民捨棄開車，改騎單車。就像大部分的歐洲城市，汽車已經在哥本哈根稱霸了幾十年，從「無車日」，到超過五成的哥本哈根市民每天騎單車通勤，中間經過了一九七〇年代的石油危機、環境主義抬頭和許多年來的環保運動。

騎單車不是唯一的例子。「投票權法案」並不是一夕之間通過的，而是許多年來歷經了各種行動的結果——從早期的靜坐示威，到爭取種族平權的塞爾瑪遊行。引發一九七〇年代「環保十年」的美國環保運動，也遵循類似的路線；多年來持續自我強化的環保運動，最後帶來了立法上的必要變革，而且辯論並未就此結束。時間是最重要的因素。我們曾經有幾十年的時間可讓氣候這艘大船掉頭，現在再也沒有這麼多時間了。這使得我們的改變理論更顯重要，同時也把我們拉回到一再出現的「權衡」主題，而這次是與認真做好資源回收有關。

經濟學家把權衡的存在視為不言而喻的常識，心理學家則會稍加變化一下，把「自我知覺理論」效應顛倒過來。不妨把這稱為「排擠偏誤」。氣候變遷的威脅促使大家採取行動——但僅在一定程度上。在這種效應的極端情形下，也就是「單一行動偏誤」，人們可能只做一件事，比方像資源回收，或是在自家屋頂上裝太陽能板，或買「綠色」產品。

事實上，這未必代表有任何人會相信，只做一步就足以終止氣候變遷，然而那一步或許就足以減輕大家的焦慮，讓他們有新的開始。氣候確實在變，但仍然有婦女死於難產。還有其他麻煩的事要煩惱，現在我已經盡完了我對氣候變遷的責任。

比起自我知覺理論（又稱哥本哈根改變理論）背後的世界觀，經濟學家在本能上對於排擠偏誤這個世界觀比較放心。畢竟，權衡往往會讓人以一個行動來取代另一個。特別麻煩的情形是，人們用單獨一個行動，如資源回收，來取代規模更大的政策行動，如投票。令人吃驚的是，這種現象到目前為止還沒有好好研究。

我們十分清楚從集體行動回推到個人行動的機制。設立適當的誘因（付錢給願意做某些事的人），有時會排擠善行義舉。付錢給願意捐血的人，接著就會看到捐血人數減少，至少女性人數會減少。男性對於捐血可領到錢似乎不會覺得內疚，而如果這些錢是捐給慈善機構、不是發給捐血人，女性的捐血人數也會再次增加。

我們也稍微了解個人行動之間的替代。要人自願為「綠電」多付點錢，你就會看到一些人增加用電量。

這兩種機制都證明了排擠偏誤的世界觀，也就是一種綠色行動未必會引發另一種，反而會因為人們日常行為中的權衡取捨，而可能成為阻礙。不過我們並不了解，排擠偏誤是否會從個人行動延伸到集體行動。

沒有人希望排擠偏誤掌控大局，這是我們要避免和解決的事。如果你發現自己在回收那個紙杯之後，就認為你解決了那天的全球暖化，請再想一想。如果你發現自己為你要搭乘的班機，自願購買了那些碳補償額度，感覺心安一些了，因而更常搭飛機，那麼這也不是行使碳補償的精神。「旅館只在我把毛巾丟在地板上的時候才幫我更換毛巾，而且航空公司還要我多花20美金補償我的碳排放？環保假期，我來啦！」

這些都沒那麼難以置信，即便是對最堅定的環保人士來說。我們沒辦法全部做到。許多環保人士做資源回收、不吃肉、不開車、在大多數情況下努力貫徹綠色生活，都仍然會犯各式各樣往往更重大的碳排放罪。搭飛機就是典型的例子。

天空是上限

甚至連那些出門必帶著帆布購物袋和可重複使用的水壺的環保人士，往往也把搭飛機排除在外。

從紐約到華府，你可以而且也應該要搭火車，但從邁阿密到西雅圖，就另當別論了，而要從亞特蘭大到北京，更是想都別想。演講、開會、親眼看著冰川融化——這正是跨洲環保人士的寫照。視訊會議也許可以取代親自飛去開會，但有時候就是無法連線。更何況我們也都知道，外交活動就發生在餐後的杯觥交錯間。

不去出差，是無濟於事的。這是市場那隻幾乎看不見的手在運作的經典例子。如果你為了要減少碳足跡，慷慨地自願不搭飛機，地球也不會注意到你的犧牲。但你的競爭對手會。

你隨時可以、而且也應當要付錢請人代你種一棵樹，或是從糞池中捕集甲烷，來補償因為你搭飛機而造成的碳排放。我們顯然應該種更多的樹，把更多的糞池覆蓋起來。然而這些做法都不是真正需要做的改變。真正要做的，是政策層面的改變。

我們可以從歐盟的經驗尋找答案。從二〇一二年1月以來，歐盟的碳排放交易系統就已經把境內的航班納入管制。在歐盟境內搭飛機的人都要為自己的碳排放量付費。平均起來，目前的價格大約是每噸二氧化碳2美元。和40美元以上的必要成本相比，這遠遠不夠抵付每班飛機的實際碳排放成本。不過，這是重要的起點，也是自願行動很關鍵的一步。支付這些小錢的乘客，現在可以更加問心無愧地踏上旅程。每個人都將開始為自己的碳排放付費，進而改變行為，而不是其他七十億人支付這個碳排放成本，任由你賺到好處、飛去和客戶開會。目標當然是要擴大和深化這個交易系統：涵蓋全部的碳排放成本，而不只是歐洲境內的航班。

這正是國際民航組織（ICAO）該介入、認真思考針對航空碳排放的全球性做法。

全球性的做法是非常高的理想，但原則很明確。維珍航空董事長布蘭森（Sir Richard Branson）說得很對：「我認為全球碳稅在吶喊——這再明顯不過，而且15年前就該做了，並且會是完全公平的。全世界每一家航空公司都會受到同等的待遇，每一家船運公司……以航空公司老闆的身分，我敢保證我回去之後會被罵……但應該要有個公平的全球碳稅，每個人都分擔一點痛苦。這並不沉重。如果這件事實現了，我們就能控制住問題。」

同意。

氣候政策並沒有特別複雜。它是比較難，但解決之道就像布蘭森所說的那麼清楚明白：制定碳價。問題在於如何做到。

如果「自我知覺理論」（哥本哈根改變理論）獲得支持，每一點一滴會往下一步推進，最後就會促使半數的哥本哈根市民騎單車上下班，並且制定出強有力的國家政策，引導大眾走向低碳、高效率的世界。在這種情況下，資源回收、再利用、自願購買碳補償等做法，很可能會帶來實際的變革，而且非常迅速。

如果排擠偏誤獲得支持，太直接喚起我們善良本性的那些呼籲可能會適得其反，特別是對政治光譜的中間派來說，這些人終將決定整體政策。要說服環保人士把資源回收做得更徹底，這很容易，但不管怎樣，這些人本來就會投票贊成強有力的氣候政策。那些中間派才是需要去說服的。

顯然這兩個改變理論都不能適用於所有的情況，世界比這兩種簡單機制所設想的，要複雜得多。有一點很清楚：無論如何都要對抗排擠偏誤。如果必須在資源回收與投票贊成碳定價之間抉擇，那就選擇投票。

第一步：呼籲

你可以做哪些事？其中一件是，**別相信那種列舉出十件事，說你做了就能終止全球暖化的清單**。

我們無法靠一己之力讓暖化停止。如果你能激發朋友與同事跟你一樣騎單車上班和關掉冷氣，帶動一股改變的風氣，那很棒。不過單憑這些行動，並不會讓大氣層復原。回想一下前面提過的水桶與水滴的譬喻。過分簡化的個別行動與做真正重要的事之間，是有細微差異的。雖然我們沒辦法終止全球暖化，但如果有一家超大型零售商宣布，要在二〇一五年之前做到綠色供應鏈，減少兩千萬噸二氧化碳排放，結果會怎麼樣？

如果某家主要航空公司不是只把自願碳補償當作行銷手段，而是想帶動實際的改變，甚至因為他們的機隊較年輕、較有效率，因而使公司直接從全球碳訂價系統受惠，碳排放量也因此低於競爭對手，結果會怎麼樣？如果決策是要興建一條輸油管，把特別髒的焦油砂原油從加拿大輸送到墨西哥灣的煉油廠，結果會怎麼樣？

簡單的答案是，慢來者無從選擇。如果綠色供應鏈不只對地球有好處，也對企業營運有利，那就去做。這是雙贏的結果。要不要新建一條輸油管，也是同樣的道理。倘若誠實的效益成本計算結果顯示，不值得地球必須付出這樣的代價，該做何決策很清楚。但同樣的，下一步可能更為重要：如果第一步日後會帶來更多的動力及行動，就去做；如果它讓我們不再進一步行動，就停下來思考。權衡很重要，不但是對個人行動，對政策也很重要。

到最後，民選政府確實是在做公民希望它做的事——在一定程度上，以及長時間下來。這正是行動主義者發揮影響之處。如果在白宮前被逮捕可以讓總統更明白我們希望有所行動，很可能就會促成這項行動。民權運動有麥爾坎．X、馬丁．路德．金和羅莎．帕克斯，他們有各自採取的策略。部分決策可能曾和彼此的行動背道而馳，因為他們認為有可能適得其反或成效不彰。但最後，詹森總統簽署一九六四年民權法案，他們全都功不可沒。而行動主義，以及對行動主義的需求，並未就此結束。

所以說，呼籲、抗議、辯論、協商、勸說、貼文——用盡你能用的一切方法，來號召能夠與氣候挑戰的嚴重性相抗衡的政策變革層級。套用經濟學家的比較利益邏輯，就是做你最擅長的事：老師是教書，學生是學習，社群領袖是領導。另外，在每個階段都要避免排擠偏誤，定要把下一步謹記在心：讓哥本哈根改變理論發揮效用。

這就是第一步。而且適用於每個層級——從市政府到州政府到華府，再到世界各國政府，以及聯合國總部大樓的每一個樓層。呼籲的方式有好有壞，但我們不會假裝自己比政治策略專家、民意調查專家和其他受雇做事的專家更懂。呼籲不當，可能就會適得其反。認真呼籲，我們仍有可能跨越看似難以克服的立法門檻。

為了大聲吶喊，就要認真呼籲。

第二步：因應

伊莉莎白・庫伯勒—羅斯（Elisabeth Kübler-Ross）提出了面對悲傷的五個階段。我們早已過了否認、憤怒、討價還價或沮喪的時機。全球均溫已經升高0.8℃，極端天氣看樣子會成為新的常態。紐約市在兩年內遭受兩次「百年一見的」風暴侵襲。代價越來越高。現在的適當反應是：接受。

說白了，我們應該竭盡全力防止進一步的氣候變遷。這不是我們該不該訂定碳價的問題，而是要問應該訂多高。最適價格顯然比全球現有的價格高很多，因此現在只有一條路可走：往上調高。提高碳價。這一切又落在「呼籲」的範疇。

氣候變遷的因應之道，有個極其重要的特點。不像從根本上防止進一步氣候變遷，因應只和你個人有關。你買了一台冷氣，覺得涼快——儘管結果是使地球又再升溫。這本身並不代表你個人不該做這件事，而是說有比較好和比較糟的因應方式。

如果你正準備為位在海邊的房地產辦三十年的房貸，請三思而行。任何一家有合理貸款限制和餘額的銀行，可能都會看一下高度圖，而從一開始就決定不貸給你。不過，別相信那種決策過程。三十年後海平面又往上升時，這份財產是交給你，不是交給銀行。

比較好的檢驗可能是看氣候相關風險的保費趨勢。在大多數的情況下，保費只會越來越貴。倫敦的勞合社、慕尼黑再保險公司及瑞士再保險公司，這些萬不得已承受最終風險的保險公司，多年來一直在針對氣候風險提出警告。到頭來，保險公司和再保險公司都會活得好好的，他們會收更高的保費，或徹底停賣某些保單，設法讓自己不會虧損。

只要更高的保費意味著不是在洪泛區重建，那樣最好。但被迫掏腰包的往往是社會大眾，有時甚至是直接付這筆錢。聯邦政府提撥的上百億美元珊迪颶風救災款，有一部分就是用於重建，要恢復成珊迪颶風重創前的原貌。這是一場由聯邦補貼的、正在醞釀中的災害。較好的做法是採納紐約州長古莫的提議，拿部分款項購買私人所有地，然後轉成公有土地。下一場大風暴勢必需要額外的緊急援助，來幫助受災最嚴重的區域，而每一次撥款，又會不可避免地補貼那些住在洪氾區的居民，造成超乎預期的後果。政府不能撒手不協助重災區，但顯然不應該再助長這種惡性循環。

雖然我們不該援助受災戶在偏遠的堰洲島上重建家園，但在海平面上升的威脅下，可能有必要做一些調適。大家都知道，我們終究會需要把紐約市的很多區域遷移到地勢較高的地方——除非（或即使）我們「吶喊」得夠大聲。大家也都知道，在此同時，建造起更高的堤防或許是最好的選擇，而且十分值得。荷蘭人很久以前就想到了。在還沒有受氣候變遷影響的時代，荷蘭已經有大片區域低於海平面，所以他們必須圍起海堤。

紐約現在面臨了類似的問題，必須築起防洪閘門，以防暴潮和更嚴重的洪水淹沒整座城市。19世紀中葉時認為只有1％的風暴潮會衝破紐約的堤防，如今已經升高到每年有20％到25％的機率。曼哈頓是價值上千億美元房地產的所在，全都集中在一小塊土地上，築堤防來防範最壞的情況，可能算是相對便宜的。荷蘭人就是更大規模地做這件事。

因應之道就是做好事先規畫。如果你有荷蘭朋友住在堤壩的後方，記得告訴她要做最壞的打算。我們買保險的目的，並不是盼望出事，而是以防萬一。絕大多數的火災險保單，從來沒有付到錢。這正是保險公司一開始就有辦法賣保單給你的道理所在。沒有人曉得紐約市下一次會是在明年或是未來十年，再遭受百年洪水的襲擊。（但我們現在可以肯定，會是在下個世紀之前。）我們只知道，不能沾沾自滿。同樣的邏輯也適用於更長遠的將來。

「百達翡麗」向來以父子或母女驕傲傳承的廣告形象聞名。這家傳承到第四代的家族製錶商，想藉由廣告吸引你出門去買一支他們的錶，然後交到後代的手腕上，以此開創自己的家族傳統。紐約有些房地產商已經開始延續這種主軸，打出這樣的廣告詞：「擁有，是為了後代。」是不是真的有此可能，也許要看你能為幾代的子孫著想。如果你的眼界只到孫輩為止，很可能平安無事。但對曼哈頓下城的部分地主和屋主來說，不用幾代就會面臨那些住在濱海地帶的紐約人如今面對的抉擇：要災後重建，或是乾脆搬到地勢較高的地方？

不管你怎麼做，都請留著你的加拿大或瑞典或俄羅斯國籍。雖然你和你的孫子孫女仍會想去南部度假，但巨大的變化就要來臨了。

第三步：獲利

請你假想一檔「700 ppm 基金」。這個數字尚未成定局，但這是國際能源總署針對二一〇〇年會達到的最合理估計值。國際能源總署的推估考量到了各國聲明的減碳目標，甚至超出目標。這個比預期要樂觀的前景，暗示全球均溫有50%的機率會比工業革命前高出超過3.4℃，而最後全球升溫超過6℃的機率大約是10%。回想第一章談過的：馬克．林納斯引用了但丁的第六層地獄，或是詳細描述各種衝擊的歐盟研究計畫HELIX。林納斯和HELIX都以6℃做為最壞的結果。在我們眼前的是，有一成的機會走向那個結果甚或跑得更遠。那樣的世界會是什麼樣子，很難不會描述得過於驚心動魄。上一次二氧化碳濃度達到400 ppm時，海平面上升了20公尺。達到700 ppm的地球，會是今天完全想像不到的世界。然而，我們目前正走在這條軌跡上。

你有一筆10億美元的資金，可在這樣的世界進行投資。有個獲利的管道是去投資受損資產價值的回升：有人必須把淹進來的水抽乾，然後重建家園。這是因應氣候變遷的代價的另一面：白花花的銀子嘩啦啦地全撒了出去！支出龐大，獲利機會必然也很大。

有個關鍵問題是牽涉到的時間尺度。許多影響都在數十年後，但也有很多不用這麼久。極端風暴、旱災和洪災，已經是不爭的事實。在暖化更嚴重、更不安定的世界中，我們會要購買那些更加稀有也更昂貴的主食、飲用水或任何一種商品。為了逆勢操作，就要趁著還有不少人對氣候變遷持懷疑態度的時候，買進這些資產，以確保你是在價格開始飆升之前進場。

此外，由於我們假想的是碳濃度衝高到700 ppm的世界中的投資機會，所以要買那些有先見之明、在已無冰層覆蓋的北極鑽探的礦業及石油公司股票。

現在再假想這檔「350 ppm 基金」。我們老早就跨越了這道門檻。現在單單計算二氧化碳，就已經達到700 ppm，而大氣浴缸仍持續以越來越快的速率裝滿。若想回到350 ppm，就需要立刻轉變方向，甚至做得更多。我們所了解的經濟學都在告訴我們，這不會也不可能發生。「單純只是」關掉所有的大煙囪，進行一場大型的、即刻的、全球的去工業化，將不再奏效。如果有什麼用的話，會是需要一次大型的再工業化，來轉換能源和運輸業，並且開始直接從空氣中捕集二氧化碳。

在未來許多年裡，很多基礎建設仍將面臨危險。我們在未來數十年甚至數百年，都將一直困在海平面上升和很多未知之未知數的險境中。對南極大陸西部冰層來說，也許已經太遲了，但全球還有機會避開其他代價更慘痛的臨界點。

滯留的資產掌控了大局。麥吉本（Bill McKibben）在《滾石》雜誌中推廣了這個概念。資本研究所（Capital Institute）替他做了數學計算：只為了讓大氣中二氧化碳的濃度穩定在450 ppm，有價值大約20兆美元、目前仍在地底下的碳可能將不得不留在地下，或是要等把產生的二氧化碳打入地下之後才能抽取出來，同時會導致化石燃料公司貶值。

在這樣的世界中，你的10億美元資金若用來放空燃煤、石油和天然氣，可能會是最有利的。這些勢必會比大盤的表現來得差。風力、太陽能和各種低碳技術會勝出。假定我們支付的碳價將適當提高的話，那麼空中碳捕集技術可能也會是大贏家。再一次，時間就是一切。為了賺錢，在適當的時間進場將會是關鍵。

不過，實情應該是介於這兩種世界之間，在一切如常的700 ppm惡夢和350 ppm的綠色夢想之間。再說得清楚些，這兩個數字之間有個重要的差別：700 ppm是我們正在走向的終點，而「350 ppm」的呼籲是我們希望走向的目標。這兩者屬於完全不同的類別。如果我們大聲呼籲、認真呼籲，地球仍舊有希望從700 ppm的未來險境脫離，朝向接近350 ppm的結果，但這絕非必然的。

這樣的話，你那筆假想的10億美元要怎麼運用？首先你必須明白，聰明的投資決定是針對現有狀況（或者更該說是將來的狀況），而不是期望會發生的狀況。目前的北極淘金熱就是再清楚不過的例子。凡是沒有捏住鼻子者，或是未搭上這波由新設運輸道、礦場及油田帶動的發財列車的人，可能會吃虧。

儘管如此，最近的一些跡象顯示，越具有企業社會意識，可能也會比市場的表現要好，這個差距有時相當顯著。不過，我們並不是在建議，透過綠色眼鏡看事情更能夠看出市場沒注意到的機會。相反的，我們的重點將會是，聰明的投資決定其實就是在管理風險。危及地球的風險，與危及燃煤、石油和天然氣大公司的風險，兩者間有所區別，但也有個重要的關聯：法規與政策通常僅僅指向一個方向。

鑑於監管氣候的趨勢，幾乎可以肯定菸草股會下跌。澳洲規定，菸草公司必須以簡單素面、印有健康警示圖片的包裝方式，來販賣香菸產品。「二〇一一年菸草素面包裝法案」遭到少數菸草公司強烈反彈，他們損失很大，並且在法庭上辯稱此法案違憲。二〇一二年8月，澳洲最高法院駁回這些論據、裁決該法案合憲的當天，英美菸草公司和帝國菸草公司的股價紛紛下挫2％。澳洲最高法院的裁決也可能恰恰相反，讓股價上揚，但各國政府極不可能突然覺得菸草被污名化太久了，而決定要解除包裝限制和禁菸令。就算有，也會是有更多城市效法前紐約市長彭博的做法，把抽菸的人趕到人行道上，或更嚴格。擔心風險管理的投資者應該要留意。

類似的情形也適用在想投資燃煤或石油大公司的人身上。法規通常只會讓燃煤或石油公司的計價下跌，而非上漲。一旦訂定出合理的二氧化碳價格，這些公司就會有滯留的資產。各國政府極不可能突然開始向風力和太陽能發電公司徵稅，同時還進一步增加對化石燃料的補貼。（天然氣大公司也許屬於灰色地帶：最初的法規可能會使燃煤發電收費超高，而徹底退出供電系統，讓天然氣成為最重要的燃料——起碼在它也遭遇到越來越緊縮的溫室氣體排放限制為止。這或許是走向低碳未來的「橋樑」，但並不表示它本身不會步上重大損失。）

簡言之：撤資，因為這是明智、風險較低的財務決策。這能幫助你避開不利的法規風險及滯留資產。從700 ppm之路走向350 ppm之路，將會隨著政治情勢停停走走。不去投資化石燃料股，不僅是合乎道德的抉擇，也可能是可獲利的選擇。

話雖如此，大量賣掉化石燃料股份並不是唯一合乎道德的抉擇。還有更好的選擇：用這種社會意識，來審視你想怎麼處理報酬。為什麼要放棄可獲利的投資，而去選擇那些毫無顧慮、無意影響眼前發展軌跡的投資？

顯然我們所有的人，至少是地球上十億左右的那些高排放者，一直在從氣候不斷暖化的世界中獲利。這並不可取，但事實上我們有一條合乎道德的路可走：既然現實是目前正走向700 ppm，非得讓這條軌跡彎向350 ppm不可，那麼就該用你的豐厚報酬，幫忙呼籲制定最重大的政策，讓你的資金發揮更大的功用。

結語：另一種樂觀主義

證據不容置疑：大氣中溫室氣體的濃度持續升高，氣溫仍在上升，春天提前到來，冰層持續融化，海平面正在上升，降雨和乾旱的模式在改變，熱浪越來越嚴重，降雨量越來越極端，海洋正在酸化。

這段文字來自美國科學促進會（AAAS）。這份報告令人意外的部分，只有它的直接措詞，這些結論都沒有促進科學本身。正如這份報告的標題所暗示的，這些結論只是在描述「我們所知道的」。

我們所知道的很糟，我們所不知道的更糟

任何一個屋主最好是修理一下有可能過熱的暖氣鍋爐，或是瓦斯爐的漏氣閥，以免釀成大禍。但除此之外，大部分的屋主都會保火災險，以防萬一哪天房子付之一炬。這並不是在期盼災禍降臨，不是製造恐慌，而是審慎之舉。萬一遇上房子燒毀，付出的代價會遠超過你吝於支付的保險費。

諷刺的是，最早讓我們有感於荷包受到氣候變遷影響的，正是那些針對洪災、旱災等天災的保險費。基於各種令人厭煩的政治理由，「聯邦洪水保險」獲得了大量補貼。這是不應該的，因為這樣等於是在鼓勵屋主把房子建在風險特別高的地區。此外，紐約市不需要再多經歷幾次颶風侵襲，就能促成整個系統的必要改革，這將使洪氾區的擁有住宅成本昂貴得多。

越來越強烈的颶風，越來越頻繁的洪災和旱災，還不包括日益升高的氣溫與海平面，這些都是我們已知正在發生、並將繼續發生的事。估算一下這些後果，最起碼是把我們能算的都算進去，可以算出如今把二氧化碳排放進大氣中的最低成本，是每噸二氧化碳**40**美元。但平均看來，全世界考慮的成本根本與這個數字相去甚遠。目前的全球平均碳價差不多是每噸負**15**美元，這是把許多國家的巨額化石燃料補貼算進去的結果。

這些都還不包括真正可怕的罕見事件。在本世紀結束前海平面可能上升0.3到1公尺，與在未來世紀最終可能上升20公尺甚至超過，這兩者之間有極大的差別。我們能不能把這種極端情形形容成「不太可能」或「罕見」，還有待商榷。根據我們自己的保守計算，大約有十分之一的機會，全球最終均溫會升高6℃以上，這對我們的社會而言只能以「災難性」來形容。

像這樣談論不可避免的後果，會引起恐慌。我們認為自己有責任把我們所知道的狀況描繪出來，告訴大家我們所不知道的結果可能會如何發生。我們並沒有從中獲得滿足。我們只能希望自己錯了。

願我們錯了三次

我們希望自己說錯的第一件事是，極其可怕的罕見事件永遠不會成真。

我們希望自己錯了的第二個、也是更重要的原因是，社會將大幅減少流入大氣層的碳排放量，設法讓氣候這艘大船偏離即將撞上的冰山。已經有大幅的暖化和海平面上升，有越來越多水災、旱災和各種其他的極端天氣出現，但只要馬上採取行動，就可以阻止最壞的預測成真。

我們希望自己說錯的第三件事，是關於看似勢不可擋的地球工程趨勢：把硫或其他顆粒注入平流層，產生人造遮陽罩。我們所知道的經濟學都在告訴我們，讓大家難以對氣候變遷採取行動的那些基本力量，可能讓我們終有一天會迎接一個實施地球工程的地球，而且可能是採取某種「危險」的地球工程方案。氣候問題涵蓋太廣了，有太多的推力，而地球工程技術又太便宜且容易取得。

我們希望這三個看法都將證明是錯的。世界在科學方面遇上好運，理解看似難解的減排政治學，並且找出鐵定的治理機制，把地球工程研究引導到富有成效的方向，而遠離（危險）地球工程的幾近必然性。

反抗碳排放者

我們很容易做出結論，說經濟學——資本主義——就是問題所在。經濟學確實是問題的關鍵。或者更該說：錯誤的市場力量是問題的關鍵。

因此表面上，改變我們的生活方式會是一種解決之道。只要我們放慢下來，回歸土地，在大多數情況下以少做多，氣候變遷就會成為過去式。但不完全是這樣。大多數人想花較多的時間陪伴家人在綠色田野上嬉戲，而不是綁在辦公桌前。但這顯然還不夠。自願行動說不通，而改變資本主義又是個難題，不管我們多想把這視為獨立的目標。而且這也把事情越搞越亂。

像社運作家娜歐蜜．克萊恩（Naomi Klein）這些人，就高聲呼籲「向有錢人和污染者徵稅」。這是個很好的說法。你也許同意，我們可能要讓有錢人多繳稅，但這是完全不同的問題。首先，我們應該要向污染者徵稅。現在的重點不是要反抗當權者，而是反抗碳排放者。

要避開迫在眉睫的氣候衝擊，唯一的希望是資本主義及其創新和創業的力量，而完全不是向資本主義丟出根本的問題。這不是在呼籲要讓市場自由運作。自由放任政策聽起來也許不錯——從理論上看，但在價格沒有反映行動真實成本的情形下，這種政策行不通。

讓我們陷入眼前這個困境的，正是不受控制的人類慾望。把人類的慾望和足智多謀

適度導正，把碳價拉高到足以反映真實的社會成本，才是讓我們脫離困境的最佳希望。

只有這樣，我們才能奢談什麼是真正合乎道德的解決之道：碳排放步上童工和奴役的後塵——從純道德的理由來看所該避免的東西。趕走經濟學家，把牧師、伊瑪目、拉比、或是你最喜歡的非宗教哲學家請進來。這還不完全足夠。要標榜道德高尚，會需要把尚未被上升的海平面淹沒的地勢高處保留住，而這又需要嚴肅看待經濟學。

致謝

本書根據了十年間所寫的十多篇論文、我們得自其他人的許多想法，以及我們努力讓邏輯和呈現更完善的無數對話內容。

首先要感謝我們的編輯 Seth Ditchik，在我們還只有一大堆初步想法時看到了可能性。普林斯頓大學出版社給了這本書極好的機會，讓我們獲得了三位不具名同儕審稿人的寶貴建議，同時讓我們徹底捨棄在文中補上數學方程式的提議。（想看方程式和深度討論及詳盡參考資料的話，可參閱附注。）

Peter Edidin 與 Eric Pooley 兩位在我們動筆寫下第一個字之前，協助我們讓想法成形。Liza Henshaw 使這一切得以完成。席克婁（Rob Socolow）協助我們把他的小測驗正確無誤地寫進序中。哈佛大學 Ernst Mayr 圖書館的 Dorothy Barr 樂此不倦地查找學術資料，協助我們確認「駱駝仍棲居在加拿大時」一段的內容。李特曼（Bob Litterman）為資產訂價模型的理論及運作，提供了寶貴的見解，並向我們提議布蘭森（Sir Richard Branson）提及全球碳稅的引述是「再清楚不過了」。還有許多人提供了寶貴的看法、意見和討論，包括 Richie Ahuja、Joe Aldy、Jon Anda、Ken Arrow、Michael Aziz、Len Baker、Scott Barrett、Seth Baum、Eric Beinhocker、Jennifer Chen、Frank Convery、Kent Daniel、Sebastian Eastham、Denny Ellerman、Ken Gillingham、Timo Göschl、Steve Hamburg、Sol Hsiang、Matt Kahn、David Keith、Bob Keohane、Nat Keohane、Matt Kotchen、Derek Lemoine、Kathy Lin、Frank Loy、Charles C. Mann、Michael Mastrandrea、Graham McCahan、Kyle Meng、Gib Metcalf、George Miller、Juan Moreno-Cruz、David Morrow、Bill Nordhaus、Ilissa Ocko、Michael Oppenheimer、Richard Oram、Bob Pindyck、Billy Pizer、Stefan Rahmstorf、Colin Rowan、Dan Schrag、Jordan Smith、Rob Stavins、Elizabeth Stein、Thomas Sterner、Cass Sunstein、Claire Swingle、Johannes Urpelainen、David Victor、Jeff Vincent、Matthew Zaragoza-Watkins 和 Richard Zeckhauser。

Katherine Rittenhouse 在成書的每個階段提供了非常寶貴的研究協助。要感謝 Katherine、Keith Gaby、Peter Goldmark 和 Tom Olson 讀了每一個字，以及更多最後沒能放進書裡的文字。

要是沒有 Siri Nippita 和 Jennifer Weitzman 兩位幫忙讀初稿，在深夜電話中甚至週日、假日早午餐時花時間討論書的內容，這本書就不可能誕生。寫作《氣候危機大預警》這本書——很像迫近的氣候衝擊本身——有時就是要全神貫注。到最後，未知之數可能獲勝：剩下所有的疏漏都要歸咎於我們自己。我們的觀點也是如此，這些都是我們自己的觀點，並不代表此處感謝的任何人、美國環保協會、哥倫比亞大學董事、哈佛學院院長及研究員的立場，也不代表我們現在、曾經或希望附屬的其他任何機構。

各章注釋

序：氣候公民隨堂考

頁 08—兩個簡短的問題：普林斯頓大學教授席克婁（Robert Socolow）在許多演講中以這個小測驗開場，問聽眾認不認為氣候變遷是「迫切的問題」，而化石燃料「很難取代」。他把結果分成四大類，我們徵得同意列在此處，但做了一點修改：

氣候變遷是迫切的問題嗎？	停止使用化石燃料很困難嗎？	否	是
	否	未受氣候因素左右的低碳世界。	社會大眾的多數人，以及能源產業的部分人士。
	是	許多環保人士，包括擁核者。	我們的工作假設。

見 Socolow, “Truths”，搜尋以這個「工作假設」為根據的解答。2013 年 8 月，《經濟學人》的主編莫頓（Oliver Morton）在麻省理工學院用這兩個問題，掀起了一場關於地球工程的辯論。莫頓呼應席克婁的結論：為避免認知失調，大多數人會在其中一題答「是」，而不是兩題。在當晚擠滿了人的演講廳，大多數人兩題都回答「是」，代表目前的地球工程話題引起這些人的注意。

頁 10—傳統經濟學論述：想知道普遍怎麼看與氣候變遷相關的科學與經濟學，見 Nordhaus, Climate Casino。另詳見第二章 58 頁的「DICE 模型」一段。

第一章：為地球報案

頁 14—在上空爆炸：見 Artemieva, “Solar System: Russian Skyfall”。

頁 14 —約 20 或 30 億美元：2005 年美國航太總署授權法案的第 321 條款，指示 NASA 不但要「偵測、追蹤、編列及歸納某些近地小行星和彗星」，還要寫份報告，內容要包含「分析 NASA 可用來使可能撞擊地球的天體偏移的各種可選擇方案」。這些選項包括「非核動力撞擊體」這項號稱最成熟的技術，以及可能是最有效的「距外核爆」（「近地天體巡天」計畫）。關於目前經費不足之處，請見“Defending Planet Earth”。這份報告做出的結論是，為期十年每年 2.5 億美元，就能讓 NASA 進行小行星偏移的實際測試。

聯合國把小行星偏移視為全球議題，最近表決通過要成立「國際小行星預警小組」，其中成員將會在可能面臨小行星撞擊威脅時分享資訊，並與聯合國和平利用外太空委員會合作，進行防禦。聯合國之所以開始討論設立這樣的國際預警小組，起因正是 2013 年 2 月發生在俄羅斯上空、全世界沒有任何一個太空總署事先得知的小行星爆炸事件（「來自太空天體的威脅需要國際協調，」聯合國小組說）。

頁 15—每千年發生一次：體積大到會需要全面戒備的小行星撞擊，可能是千年一見的事件。像 2013 年 2 月在車里雅賓斯克上空爆炸的那顆小行星一般大小的小行星撞擊，發生的機率通常認定是 100 年大概會有一次（見 Artemieva, “Solar System: Russian Skyfall”）。然而，最新的研究卻把車里雅賓斯克一般大小的小行星的機率定在該估計值的十倍（見 Brown et al., “500-Kiloton Airburst”）。

頁 15—大滅絕事件：伊麗莎白 寇伯特的《第六次大滅絕》（Sixth Extinction）檢視了先前幾次的滅絕事件，然後把焦點放在目前這個由人類造成的滅絕上。寇伯特的論點摘要，請見 Dreifus, “Chasing the Biggest Story on Earth”。

頁 15—過去 6 千 5 百萬年間：見 Diffenbaugh and Field, “Changes in Ecologically Critical Terrestrial Climate Conditions”。這甚至還把大約 5,600 萬年前的古新世－始新世氣候最暖期（Palaeocene–Eocene Thermal Maximum, PETM）也包括進去，當時全球氣溫在不到一萬年間升高了至少 5℃，這樣的變化率，仍是 IPCC 所提 RCP2.6 情境下全球地表均溫上升速率的十分之一。

頁 15—百年一見的水災：見 Lovett, “Gov. Cuomo”。

頁 15—艾琳造成 49 人喪生：見 Avila and Cangialosi, Tropical Cyclone Report。根據美國海洋暨大氣總署的 “Irene by the Numbers” 這篇報告，230 萬是美國官方下令撤離的估計人數。

頁 16—珊迪造成 147 人死亡：見 Blake et al., Tropical Cyclone Report。

頁 16—海燕颱風：截至 2014 年 1 月 28 日，海燕颱風估計已經造成 410 萬人撤離，超過 6,000 人死亡（見“Philippines: Typhoon Haiyan Situation Report No. 34”）。海燕在菲律賓當地命名為尤蘭沓（Yolanda）颱風。

這些數字很可能嚴重低估，因為它們並未估計風暴對於家庭妥善照顧自己和孩子的能力的負面效應。Antilla-Hughes and Hsiang, “Destruction, Disinvestment, and Death” 一文指出，「在颱風重創過後的隔年，非勞動所得與大量嬰兒死亡人數，多於直接損失與死亡人數，比例約為 15 比 1。」

頁 16—寶發颱風：根據 “Report: The After Action Review / Lessons Learned Workshops for Typhoon Bopha Response”，寶發颱風影響到 620 萬人，摧毀 23 萬棟房舍，造成 1,146 人死亡，834 人失蹤。關於寶發颱風影響的最新報告統計，在撤離的高峰期有超過 70 萬人在疏散中心避難，106 萬人在疏散中心以外，撤離人數總計有 176 萬人（菲律賓國家減災與災害管理委員會），內文中四捨五入到 180 萬人。關於這些數字為什麼有可能嚴重低估了全部成本和死亡人數，另請參閱 Antilla-Hughes and Hsiang, “Destruction, Disinvestment, and Death”。

頁 16—夏天歐洲熱浪：見 Robine et al., “Death Toll”。

頁 16—有齊全裝備可因應：Deschênes and Moretti, “Extreme Weather Events” 一文估計，美國人從東北部遷移到氣候較溫暖的西南部，已使得平均壽命自 1980 年以來有顯著的提高。Barreca et al., “Adapting to Climate Change” 一文特別強調，家用空調對於美國氣溫－死亡人數關係的大幅下降，起了重要作用。

頁 17—沿海水域：Tollefson, “Hurricane Sandy” 一文討論到氣候變遷

與颶風之間的關聯，同時指出，「由全球暖化帶來的預期增溫只有 0.6℃」，並做出結論說，「氣候變遷雖然有影響……但若考量到自然的變化，這當中仍有大量的解釋空間。」Pun, Lin, and Lo, "Tropical Cyclone Heat Potential" 一文討論到菲律賓東部海域最近的暖化趨勢，這個趨勢最有可能促成海燕颱風的嚴重程度。Normile, "Supertyphoon's Ferocity" 一文就在找出這個關聯。

相較之下，過去四十年間全球平均海面增溫大約為每十年升高 0.1℃（《IPCC 第五次評估報告》給第一工作組決策者的摘要）。

頁 17— 更多的風暴，而且強度更強：2005 年發表的 Emanuel, "Increasing Destructiveness" 一文，指出颶風在過去三十多年有增強的趨勢。隨之而來的科學爭論似乎已經達成結論，認為氣候變遷確實帶來更強烈的颶風，但發生的頻率可能沒有改變（甚至還略微減少）。但也有一些最新的研究發現（Emanuel, "Downscaling CMIP5"），氣候變遷可能會引發更強烈的風暴，同時更常發生。這樣的科學爭論仍在持續，但很不幸，實際的跡象很清楚。預計帶來的經濟衝擊同樣令人震驚：Mendelsohn et al., "Impact of Climate Change" 一文發現，到 2100 年「全球颶風損失將因人口發展趨勢而翻倍，而氣候變遷會讓損失再翻一倍」（見 Emanuel, "MIT Climate Scientist Responds"）。

儘管如此，颶風仍是與氣候變遷有關的嚴酷天氣事件，主要原因正是不常發生。隨著預測能力的提高，要針對颶風進行我們對其他極端天氣所做的同類型氣象研究，也將變得更容易。（見下一則關於「歸因科學」的注解。）

頁 18—歸因科學：IPCC 的 2012《特別報告：管理極端事件和災害的風險以利適應氣候變遷》，是很好的出發點。這份研究報告列舉了跟今天的極端天氣事件有關的不同證據，以及日後越來越明確的證據。也有不少越來越詳盡的單一事件研究，其中最突出的也許就是史托特（Peter Stott）所做的研究，他是英國氣象局氣候監測與歸因（Climate Monitoring and Attribution）團隊的領頭者。本書文中提到的，是 Stott, Stone, and Allen, "Human Contribution" 這篇文章的結論，2003 年在歐洲觀測到的熱浪規模，風險提高了一倍。Stott et al., “Attribution of Weather” 這篇文章審視了最近的文獻，並替歸因科學指出了未來之路。

有很多其他的論文，許多來自英國氣象局氣候監測與歸因團隊，強調了「歸因科學」這門快速發展領域的貢獻：Christidis et al., “HadGEM3-A Based System for Attribution” 一文發現，2010 年的莫斯科熱浪，可以（至少是部分）歸因到人為造成的氣候變遷。該項研究把觀測數據放進模型中所得的模擬結果，與那些數據在沒有人為影響下所得到的估計值，加以比較。在 Rahmstorf and Coumou, “Increase of Extreme Events” 文中，則提出一套方法，定出長期趨勢對氣候極端事件次數的效應。他們利用自己的研究方法估算出，在沒有氣候變遷的情形下，2010 年莫斯科高溫紀錄有 80% 的機率不會發生。不過，在 Otto et al., “Reconciling Two Approaches” 文中，提出了不同的結論，他們做了另一項研究，結果並未發現人為因素在莫斯科熱浪規模留下的痕跡。而 Lott, Christidis, and Scott, “East African Drought” 一文發現，人為影響提高了 2011 年東非乾旱的發生機率。Pall et al., “Flood Risk” 利用「機率事件歸因架構」，發現人類碳排放讓 2000 年英格蘭與威爾斯地區發生洪災的可能性，增加了 20% 到 90% 之間。在 Peterson, Stott, and Herring, “Explaining Extreme Events of 2011” 文中，用了英格蘭中部氣溫數據集和全球氣候模型，來檢視人為因素對英國該年發生的六次極端事件機率的效應。在 Li et al., “Urbanization Signals” 一文，把中國北方各城冬季最低溫的差異歸因到都市化效應。

還有一些其他的研究，是在看暖化與極端天氣事件之間的整體關聯。Coumou, Robinson, and Rahmstorf, “Global Increase” 一文檢視了氣候變遷所造成的，月均溫破紀錄的節節上升機率。他們的結論是：「在中度全球暖化情境下，我們預測到 2040 年代之前，全球每月最高溫破紀錄的次數，會是沒有長期暖化的氣候中的 12 倍。」另請參閱 Coumou and Robinson, “Historic and Future Increase” ，這篇文章估計出可能會經歷夏季極高溫的全球陸地面積占比。

頁 18—每三到二十年發生一次：見 Rosenzweig and Solecki, “Climate Risk Information” 和 Fischetti, “Drastic Action” 。Lin et al., “Physically Based Assessment” 一文利用氣候模型和流體動力模型，指出現在的百年

一次洪災，在本世界結束前可能會每隔三到二十年襲擊一次。

在 Talke, Orton, and Jay, “Increasing Storm Tides” 一文中，估計了如今每年海堤潰決的機率比 19 世紀中葉高出了多少。另請參閱 Kemp and Horton, “Historical Hurricane Flooding”，他們檢視了海平面上升對於颶風洪災的直接影響。

頁 19—0.3 到 1 公尺：這個數字範圍來自《IPCC 第五次評估報告》給第一工作組決策者的摘要。文件中比較了 2081–2100 年和 1986–2005 年的平均全球海平面高度。這個數字顯然高於先前《IPCC 第四次評估報告》中的估計值。（見本書 26 頁的「只好省略」。）它也更新（降低）了早先由美國陸軍工兵團做出的偏高估計值，他們採用的是 1.5 公尺的情形（見“Incorporating Sea-Level Change Considerations in Civil Works Programs”），以及由美國海洋暨大氣總署（NOAA）所做的偏高估計值，他們以 2 公尺來當作 2100 年的預測情形（Parris et al., “Global Sea Level Rise Scenarios”）。

頁 19—無法替代減碳：在 Gillett et al., “Ongoing Climate Change” 文中認為，如果「南極大陸西部冰層快速融化……是像我們所認為的，可能是由中等深度海水的暖化引起的，那麼由於海面下海水增溫造成的長時間延遲，以地球工程來因應，在幾百年間都會是無效的。」如果南極大陸西部冰層全數融化，會導致海平面上升大約 3.3 公尺。（見第三章 83 頁的「格陵蘭的冰融」。）

頁 20—災難：伊麗莎白 寇伯特的《災難田野筆記》（Kolbert, Field Notes from a Catastrophe）可列入最具說服力的記述之一。要看關於「危險人為干預」這個定義的重要研究，可參閱 Ramanathan and Feng, “Avoiding Dangerous Anthropogenic Interference”。要看「地球氣候系統的臨界要素」的重要分類，這些要素並非全都一定是「災難性」的，可參閱 Lenton et al., “Tipping Elements in the Earth’s Climate System”。這份清單包括了北極夏季海冰的融化、格陵蘭冰層的融化、南極大陸西部冰層的融化、大西洋溫鹽環流的停止、聖嬰現象／南方振盪日益強烈、印度雨季的變化，以及亞馬遜雨林的退化。（見第三章關於不確定性的廣泛討論。）對於這些潛在臨界要素的評估各有不同，這使其可能衝擊更加顯著。

頁 22—「隨便開」效應：較詳盡的定義，請見第二章 60 頁的「隨便開」一段。能源效率經濟學相關學術文獻中的其他用法，可參閱與能源效率經濟學有關的注解，其中描述了一種網路效應。

頁 22—中國的煤灰：見 Bradsher and Barboza, “Pollution from Chinese Coal”; Yienger et al., “Episodic Nature”。

頁 23—人類史上最溫暖的時期：儘管有這些顯而易見的整體趨勢，有些人卻始終認為過去十年間有所謂的暖化間斷（warming hiatus），還獲得新聞界的共鳴。舉例來說，像是：Ogburn, “What’s in a Name?”, Ogburn, “Climate Change ‘Pause’ into Mainstream”，以及 Voosen, “Provoked Scientists”。關於媒體報導的詳盡分析，可參閱 Greenberg, Robbins, and Theel, “Media Sowed Doubt”一文。最新研究指出，根本就沒有暖化速率減緩這回事，同時提供了一些見解，把這些見解放在一起，甚至能長篇大論地解釋減緩的情形（“Global Warming: Who Pressed the Pause Button”）。

頁 23—美國氣候評估報告：見 Melillo, Richmond, and Yohe, “Climate Change Impacts in the United States”。

頁 23—〈即將來襲的北極熱潮〉：見 Borgerson, “The Coming Arctic Boom”。

頁 24—幾十年的暖化：如果已經存在大氣中的溫室氣體濃度維持在 2000 年時的水準，我們到 2100 年之前仍有可能比 2000 年升高 0.3–0.9℃，最佳估計值是 0.6℃。這個數字來自《IPCC 第四次評估報告》，在《IPCC 第五次評估報告》第 12 章中也引用過。

完全停止排放只會非常緩慢地讓全球氣溫下降。Ramanathan and Feng, “Avoiding Dangerous Anthropogenic Interference”一文審視的研究工作，顯示大約四分之一的全球平均增溫是如何造成的。Coumou and Robinson, “Historic and Future Increase” 一文發現，如果我們今天就停止排放，到

2020 年時會經歷極端夏季高溫的陸地面積仍然會增加一倍，且到 2040 年時會變成四倍。不過，到 2040 年之後，熱浪的頻率及嚴重程度，將大幅取決於今天的減排程度。

即使是「空氣捕集」——直接吸除掉空氣中的二氧化碳——也會有相當的延遲。一旦大規模實施空氣捕集，是可以減緩進一步變化的速率，但氣候變遷的干預有許多將會是不可逆轉的。（見第五章 147 頁的「有各種不同的名目」，以及第二章 50 頁的「浴缸問題」一段。）

頁 24—數百年的海平面上升：Meehl et al., "Relative Outcomes" 一文發現，即使是在積極減排、讓氣溫保持穩定的情形下，「至少在未來數百年間仍然無法阻止海平面上升。」

有兩項獨立的研究，指向南極西部大部分冰層的終極融化（見 Joughin, Smith, and Medley, "Marine Ice Sheet Collapse" 及 Rignot et al., "Widespread, Rapid Grounding Line Retreat"）。南極大陸西部冰層的融化速率不斷加快，已是無庸置疑的。Shepherd et al., "A Reconciled Estimate" 一文估計，從 1992 年到 2000 年，南極西部冰層平均每年損失 380 億噸，從 1993 年到 2003 年是 490 億噸，從 2000 年到 2011 年是 850 億噸，而從 2005 年到 2010 年是 1020 億噸。

（另請參閱第三章 83 頁的「格陵蘭的冰融」。）

頁 24—大氣中的過量二氧化碳：見 Solomon et al., "Irreversible Climate Change" 一文。雖然研究結果因情境而異，但根據經驗所做出的估算卻顯示，超出工業革命前的濃度 280 ppm 的「峰值增強濃度」（peak enhancement level），約有 70% 在 100 年的零排放之後仍持續存在，而大約有 40% 的峰值增量會在 1,000 年的零排放之後繼續留存。要注意的是，這是指大氣中二氧化碳的淨增加量，而不是二氧化碳分子的數量。Archer et al., "Atmospheric Lifetime" 一文探討了兩種經常搞混的碳「生命週期」定義，做出的結論是，20% 到 40% 的過量碳濃度會在排放之後存續數百年到數千年（「2 到 20 個世紀」）。經常有人引述的 Bern 模型計算出，20% 的二氧化碳會存續到 1,000 年以後（Joos and Bruno, "Short Description"）。IPCC 的最新共識是，約有 15% 到 40% 的過量二氧化碳會在大氣中存續超過 1,000 年（見《IPCC 第五次評估報告》給第一工作組決策者的摘要）。根據美國環保署的〈溫室氣體概況〉（Overview of Greenhouse Gases: Carbon Dioxide Emissions），每個二氧化碳分子的生命週期介於 50 年到 200 年之間。確切的數字仍在進行激烈的科學爭論，目前知之甚少（見 Inman, "Carbon Is Forever"）。

頁 25—400 ppm：400 ppm 是二氧化碳的濃度。其他溫室氣體的濃度也眾所周知——包括甲烷、一氧化二氮和工業氣體——但要將之轉換成二氧化碳當量濃度，仍充滿未知數，因為這還需要考慮各氣體相對於二氧化碳的輻射效率，以及長時間下來這些氣體在大氣中的生命週期。二氧化碳當量濃度的估計值，從大約 440 ppm 到高達 480 ppm（"World Energy Outlook 2013" 及 Butler and Montzka, "NOAA Annual Greenhouse Gas Index" 分別引述了 2010 年和 2013 年的估計值）。關於達到 400 ppm 這個轉捩點的更詳盡描繪，請另參閱 Monastersky, "Global Carbon Dioxide Levels" 一文。

如果把各種微小的人為顆粒（氣懸膠）的相對降溫效應列進來，所有人為排放造成的整體全球暖化效應就會下降到接近 400 ppm 左右。因此，今天的所有人為排放整體效應的最佳代用指標仍是 400 ppm 左右，但等到降溫氣懸膠的掩飾效應消失時，衝擊必然會加劇——而且可能是猛然增加。

把各種氣體換算成二氧化碳當量時所遇到的難題，是 IPCC 之所以根據輻射強迫作用（radiative forcing）來呈現人為排放所導致的暖化影響的原因之一。《IPCC 第五次評估報告》給第一工作組決策者的摘要，把相較於 1750 年的人為輻射強迫作用，定在大約 2.29 瓦特每平方公尺（W/m2），這個數值包含了來自氣懸膠的負 0.9 W/m2 輻射強迫值。

頁 25—全球均溫：《IPCC 第五次評估報告》的第五章〈來自古氣候檔案的訊息〉（Information from Paleoclimate Archives）列舉了關於上新世環境的這些事實。當時的氣溫比工業革命前還要高 2–3.5℃。

頁 25—駱駝棲居在加拿大：Rybczynski et al., "Mid-Pliocene" 一文提出的證據顯示，在上新世的年代有巨大的駱駝生活在加拿大的北極地區。

頁 25—需要幾十年到數百年：技術上的差異存在於快速平衡（fast

equilibrium）與地球系統敏感度（earth system sensitivity）之間。然而時間在此是相對的：「快速」是就地質上而言，地質過程動輒數十年甚至一、兩百年。在數百年的過程中，影響到地球對於大氣中二氧化碳高濃度的反應的其他因素，會開始發揮作用。例子包括反照率的變化、海洋與陸地生態系的變化，以及由溫度引起的碳和甲烷釋放。可參閱 Hansen et al., "Target Atmospheric CO2" 和 Hansen and Sato, "Climate Sensitivity" 等文。Previdi et al., "Climate Sensitivity in the Anthropocene" 一文把這些長期的反饋，整合到地球系統敏感度估計值中，發現它可能會是氣候敏感度估計值的兩倍，二氧化碳每增加一倍就會升溫 6–8℃。這種額外增溫雖然會是在更長的時間尺度上，也許是好幾千年，某些反饋的效應仍有可能在本世紀開始發酵。

頁 26—超過三分之一的上升高度：自 1993 年以來，可觀測到由熱膨脹導致的海平面上升是每年大約 1.1 毫米，或是每年約 3.2 毫米的總上升觀測值的 34%。用模型來模擬的熱膨脹影響較大，從 1993 年以來是每年 1.49 毫米。見《IPCC 第五次評估報告》第十三章〈海平面變化〉（"Sea Level Change"）。

頁 26—只能忽略：IPCC 2007 年報告中的海平面上升推估，只涵蓋熱膨脹的影響，而未包括北極冰帽融化的影響（《IPCC 第四次評估報告》第一工作組的未來氣候變化推估），從那之後就修正了這個疏漏。2013 年的《IPCC 第五次評估報告》給第一工作組決策者的摘要，提到了海平面上升的幾種情境，全都納入了 2007 年估計時忽略未計的北極冰帽融化，而推估出到 2100 年海平面上升會高達 1 公尺，如果未採取重要氣候行動的話。關於這份最新的 IPCC 報告及海平面上升議題的討論，請見 Clark, "What Climate Scientists Talk about Now" 一文。另外也可以參考 19 頁的「0.3 到 1 公尺」。

頁 27—甚至還不錯：事實上，適度升溫也許能帶來具商業價值的好處。托爾（Richard Tol）的 FUND 模型在所有氣候經濟模型中幾乎是獨樹一幟，估算出緩慢、適度升溫達到約 2℃的正向全球利益。托爾估計，對 20 世紀的大部分時候而言，全球暖化帶來的利益可能大於支出（見 Tol, "Economic Impact of Climate Change"）。關於變遷氣候帶來的機會，可再參閱 Kahn,

Climatopolis 一書。

關於全球暖化經濟成本與效益的更廣泛問題，引發了相當大、往往也非常具爭議的辯論。托爾的〈修正與更新〉（Tol, “Correction and Update”）一文調查了各種平均全球暖化程度對於福利的衝擊的 21 個估計值。其中三個估計值，特別是托爾自己的估計值（“Estimates of the Damage Costs”），顯示出氣候變遷對經濟沒有衝擊或是有大於零的衝擊。（Tol, “Estimates of the Damage Costs” 一文估計，全球平均升溫 1℃時的福利衝擊，總計會達到全球福利的 2.3%。Mendelsohn et al., “Country-Specific Market Impacts” 一文則提出全球平均升溫 2.5℃時的兩種中央福利估計值，兩者的衝擊都接近零。）中央值為負的另一項估計值，其信賴區間橫跨在零的兩側。其餘 17 個調查估計值顯示了不同全球均溫下的經濟成本，其中有一些非常突出。接著，托爾繼續描繪 21 種經濟衝擊，畫出中央「最小平方」曲線，包含 95% 信賴區間（見 “Correction and Update,” figure 2）。托爾修正了自己先前的估計值（重繪於 “Correction and Update,” figure 1），並估計出，不管對哪個全球平均升溫值，代表全球福利衝擊的中央曲線均為負的。即使在 95% 信賴區間的前段，也幾乎沒有超過零，這個修正與更新明顯背離托爾自己先前的調查。

我們還要補充一點：在托爾〈修正與更新〉文章中提出的 21 個估計值，大部分都只能代表真實經濟成本的下界。見第一章 41 頁的「還要更多」，以及我們在第三章的廣泛討論，特別是在 84 頁關於「每噸 2 美元」和「諾德豪斯偏好的『最適』估算」，以及 92 頁的「損害會影響到產出成長率」。

儘管對人類社會與生態系有重大的負面影響，適應小幅度的全球平均升溫仍是普遍現象。這甚至也包括經常視為負面衝擊典範的珊瑚礁：許多魚類將會遷徙，珊瑚一般來說做不到。但最新證據卻指出，有些珊瑚具有因應機制（見 Palumbi et al., “Reef Coral Resistance”）。不過，即使能因應升溫，海洋環境仍要面對來自酸度升高的不利影響。見第二章 66 頁的「海洋酸化」。

頁 27—速度一直在遞增：《IPCC 第五次評估報告》第一工作組的第二章發現，全球地表均溫從 1901 年以來升高了大約 0.86℃，其中 0.72℃

或81%的升溫發生在1951年以後。根據所採用的數據集，從1951年到2012年舉報的平均值是每十年升高0.106到0.124℃，而從1901年到2012年的百年平均值，則是每十年僅上升0.075到0.083℃。美國環保署的〈美國氣候變遷指標：美國與全球氣溫〉一文顯示，自從1970年代，升溫速度在美國是每十年0.17–0.25℃，相較於從1901年以來的每十年升高0.072℃。

海平面上升也有類似的情形。過去一個世紀間，海平面上升了大約0.2公尺，而且有加速的趨勢：過去一百年間，海平面每十年平均上升大約1.7公分；過去四十年間，每十年平均上升約2.0公分；過去二十年間，每十年平均約3.2公分。在可預見的未來，這種趨勢可能只會繼續加速。IPCC對2100年平均全球海平面上升的估計值，落在0.3到1公尺的範圍，是相較於今天的幅度，除了已觀測到的0.2公尺之外。見19頁的「0.3到1公尺」。

頁27—十年沒有暖化：見23頁的「人類史上最溫暖的時期」。

頁27—陸地上空平均升溫：從2000年到2009年，美國陸地上空的氣溫變化已經比海洋上空高出50%（見Carlowicz, “World of Change”）。就全球來說，根據所採用的數據集，一般認為陸地上空的地表氣溫從1979年以來每十年升高0.25到0.27℃，相較於海洋上空的每十年升高0.12℃（《IPCC第五次評估報告》第一工作組的第二章）。

頁27—全球平均值的兩倍：到本世紀結束前，北極上空的平均升溫值推估為全球平均的2.2到2.4倍（《IPCC第五次評估報告》第一工作組的第十二章）。

頁29—升溫0.8℃：《IPCC第五次評估報告》給第一工作組決策者的摘要，指出兩個中央數字：1880年到2012年之間全球平均地表氣溫的0.85℃增溫，以及從1850年到1900年和從2003年到2012年的平均值之間的0.78℃。兩者的90%信賴區間分別是0.65到1.06℃與0.72到0.85℃。

頁29—700 ppm：國際能源總署（IEA）的〈世界能源展望2014〉（World Energy Outlook 2014）把這個情境稱為「新政策情境」。如果我們遵循這個軌跡——目前所有的減排承諾都兌現，再生能源有效運用與能源效率標準都能繼續獲得支持，全世界逐步停止至少一部分的化石燃料補貼——那麼我們可以預期，二氧化碳當量濃度到 2100 年會達到 700 ppm。國際能源總署把這個濃度轉化成從工業革命前 3.6℃的總增溫量，比我們的 3.4℃中位數稍高一些。

IPCC 對於濃度的走向較沒那麼堅定。IPCC 的《排放情境特別報告》（Special Report on Emissions Scenarios）根據未來世界運作方式的幾組不同假設，為總計 40 種情況創造了四組情境。它並沒有替任何一種情境指定機率值，也沒有申明相對機率。在後續的評估報告中，IPCC 以這些情境來決定未來溫室氣體濃度的可能範圍。可怕的是，這些情境竟會產生高達 1,550 ppm 的二氧化碳當量濃度估計值。最新的 IPCC 報告並沒有更令人放寬心。他們用模型模擬出的情境，範圍從 500 ppm 的峰值到 1,500 ppm，且本世紀的可能升溫值會介於 0.3 到 4.8℃之間（見《IPCC 第五次評估報告》給第一工作組決策者的摘要）。

頁 29—馬克．林納斯：見《改變世界的 6℃》一書。林納斯鉅細靡遺地描述了升溫 1–6℃時，我們可能面臨的各種變化，從珊瑚礁消失，一直到極度資源短缺和大規模遷徙。

頁 30—HELIX：這是 High-End cLimate Impacts and eXtremes（終極氣候衝擊與極端值）的簡稱。該計畫始於 2013 年 11 月。詳情可參考 www.HELIX climate.eu 網站。這項計畫的宗旨是提供升溫「攝氏 4、6 及 2 度時，一組可信、一致的全球和區域性的世界樣貌。」

頁 30—有 10% 的機率：請參閱我們在第三章的討論，尤其是 77 頁的「機會顯然來得大」及 80 頁的「科學論文」。

頁 30—認知失調：關於認知失調及相關現象的最早研究，請見 Kahneman and Tversky, "Subjective Probability"、Kahneman and Tversky, "Prospect Theory" 及 Kahneman, Knetsch, and Thaler, "Experimental Tests" 等文。Kahneman, Thinking, Fast and Slow 一書（中譯《快思慢想》）提供了全面且易懂的說法，包括認知失調的可能影響。關於氣候變遷的心理學，還有許多文獻可參閱，如 Wagner and Zeckhauser, "Climate Policy"。

頁 30—巨大的浴缸：Guy et al., "Comparing the Atmosphere to a

Bathtub”一文進行了一項研究，看看浴缸類比是否能有效提升我們對於二氧化碳穩定度和氣候變遷減緩程度的理解。他們發現，這個類比可以有效增進非專業人士對氣候變遷的認識。（他們對大學生和澳洲民眾都做了測試。）這項研究也顯示，利用比喻來說明二氧化碳的累積，可更促進一般人對氣候行動的支持（在他們對大學生的測試中）。不過還是有許多細微的差異。文字似乎有幫助；圖像卻沒有：「我們的研究結果顯示，類比能幫助非專業人士對於二氧化碳累積的理解，但用圖像來傳達排放速率的訊息，卻對增進理解不利。」關於浴缸類比的其他資料，請參閱第二章50頁的「浴缸問題」。

頁30—說得具體些：見Sterman, “Risk Communication”。史特曼提出的具體問題牽涉到兩張圖：他用其中一張去測試學生，圖中畫了一條代表二氧化碳濃度的平直線：「請想一個情境是，大氣中的二氧化碳濃度逐漸升高到400 ppm，大約比2000年時高出8%，而到2100年時趨於穩定。」第二張圖呈現出一條代表排放量的上升趨勢線，他請學生補上要達到穩定濃度的未來排放量走勢。出乎意料的是，有相當多的受試學生，是以穩定排放量來回答，而不是減少排放量來使濃度穩定。

頁31—不會達到平衡：總的來說，全球二氧化碳淨吸收量已經從1960年到2010年的每年88億到180億噸增加了一倍（見Ballantyne et al., “Increase in Observed Net Carbon Dioxide Uptake”）。這大約是每年二氧化碳排放的50%。換句話說，由於水壓增加了，排水量也一直在增加，即使水位仍在上升。不過，最近海洋吸收增加率似乎有放慢的趨勢，可能暗示達到了飽和點（見Khatiwala, Primeau, and Hall, “Reconstruction of the History”）。歐洲的森林似乎也有類似的情形（見Nabuurs et al., “First Signs”）。Reichstein et al., “Climate Extremes”一文指出了未來的重大警訊。

頁32—當時最新的IPCC報告：見《IPCC第四次評估報告》中的第一工作組執行摘要。

頁34—降了八成：見Liebreich, “Global Trends”。促使最近太陽光電價格調降的，是製造成本下降，並不是短期股票清算（見Bazilian et al.,

“Reconsidering the Economics of Photovoltaic Power”）。

頁 34—50% 的電力：見 Kirschbaum, “Germany Sets New Solar Power Record”。

頁 34—將近 5% 的電力：在 2013 年，太陽光電占了德國總電力消耗的 5%（Franke, “Analysis”）。在 2013 年，也同樣占了德國總電力消耗 的 4.7%（” Statistic Data on the German Solar Power [Photovoltaic] Industry”）。

頁 34—全球的情況也開始好轉：見“China’s 12GW Solar Market Out-stripped All Expectations in 2013” 和“Global Market Outlook for Photovoltaics 2013–2017”。在此有個重要警示是，相較於化石燃料、核能和水力等傳統能源，太陽能容量的驚人成長掩飾了比較小的容量因數。雖然如此——為了符合「樂觀主義路線」——增加發電遵循了增加容量的類似趨勢，而容量因數在未來只會繼續改善。

頁 35—絕大多數的選民：民調確實顯示大眾對於氣候變遷是否存在的懷疑（見 Marlon, Leiserowitz, and Feinberg, “Perspectives on Climate Change”，文中提到，97% 的氣候學家與只有 41% 的美國民眾，相信有氣候變遷發生，而且人類造成的）。毫不意外的，美國人似乎反對許多能減緩全球暖化的政府措施，譬如碳稅（見 Survey Findings on Energy and the Economy）。不過，絕大多數（高達 75% 到 85%）的受訪美國人也希望看到許多有利環境的行動。見 Krosnick, “The Climate Majority”，文中提到了史丹佛大學政治心理學研究小組 2010 年的民調數據，顯示美國人壓倒性地支持企業空污限制（86%）、獎勵或管制生產更多低耗油量的汽車（81%）、省電設備（80%），以及節能建築物（80%）。不僅如此，根據保守選民聯盟最近所做的民調，年輕人倒性地支持氣候立法。35 歲以下的選民當中，有八成支持總統對氣候變遷採取行動。35 歲以下的共和黨選民當中，有超過半數不太可能把票投給「總統氣候行動方案」的反對者。最後，根據皮尤研究中心與今日美國的一項聯合調查，62% 的美國人贊成對發電廠實施更嚴格的排放限制。不過，根據皮尤研究中心的調查（皮尤全球態度調查計畫），美國人比起其他國家，比較不關注氣候變遷。只有

40% 的美國人把全球氣候變遷視為國家的重大威脅。針對 39 國調查的全球平均值是 54%，這也是把氣候變遷視為威脅的歐洲人的占比。

頁 36—技術是好事：技術進步可能會以不斷加快的速度累積，這有充分的理由。這甚至能解釋那種以概念為主的、可帶來非物質化未來的成長，並以經濟學家通常形容的不考慮物質成長的方式，來設定成長。見 Weitzman, "Recombinant Growth"。

頁 36—馬糞危機：馬糞故事已經有許多人提過了，其中最詳盡的也許要屬 Eric Morris, "From Horse Power to Horsepower"，最突出的是李維特（Steven Levitt）和杜伯納（Stephen Dubner）在 SuperFreakonomics（中譯《超爆蘋果橘子經濟學》）一書中的描述，而最具說服力的則是伊麗莎白寇伯特在《紐約客》雜誌為這本書的氣候段落所寫的評論（"Hosed"）。幸好，寇伯特也澄清了《超爆蘋果橘子經濟學》所傳遞的一些誤解。到目前為止，這則尾注完全取自 Wagner, But Will the Planet Notice? 一書（也提供了進一步的摘要）。

頁 36—尼克森接著簽署：尼克森總統在 1970 年 1 月 1 日簽署了 1969 全國環境政策法案。1970 年 7 月的聯邦「第 3 號組織重整計畫」，促成環保署於同年 12 月設立。除了文中所列的法案，尼克森還簽署了聯邦殺蟲劑、殺菌劑與殺鼠劑法案（1972，大幅修改了未涉及農藥使用規範的 1947 年版本）、噪音管制法（1972），以及沿海地區管理法（1972）。「淨水法案」的官方名稱是「聯邦水污染管制法」，於 1972 年修正。

頁 37—地域性的污染物：包括 Axelrad et al., "Dose-Response Relationship" 在內的許多篇研究，調查了過去三項研究中的資料，發現產前接觸到汞與智商變差有相關性（母親頭髮含汞量每增加 1 ppm，智商會下降約 0.18）。Brauer et al., "Air Pollution" 一文發現，孩子接觸到煤灰（soot）及其他和交通運輸有關的空氣污染物，與孩子罹患氣喘和過敏症狀以及呼吸道，兩者間有正相聯。許多早期研究在看煙霧中的哪些成分最容易對眼睛造成刺激。見 Altshuller, "Contribution of Chemical Species" 以及 Haagen-Smit, "Los Angeles Smog"。長期接觸對流層中的臭氧（這是霧霾的主要成分），與死亡率升高有關（Jerrett et al., "Ozone Exposure and Mortality”）。基於充分的理由，美國安全飲用水法案授權環保署，設定飲用水中污染物含量的標準。關於最新的可允許污染物最高含量，以及各種污染物對健康的影響，請參閱美國環保署網站上的飲用水中污染物相關資料（http://water.epa.gov/drink/contaminants/）。

頁 37—馬基維利：這句話出自《君主論》的第六章，這部著作最早是在 1515 年前後流通，而到馬基維利死後才在 1532 年出版。

頁 38— 死 刑： 見 Miller, Coal Energy Systems 和 Rottenberg, In the Kingdom of Coal。

頁 38—人的行為：請回頭參閱 30 頁的「認知失調」附注。此外，在不確定因素持續存在的情形下，集體行動又格外困難。見 Barrett, “Climate Treaties”，文章中從理論的角度指出了這一點。Barrett and Dannenberg, “Climate Negotiations” 及 Barrett and Dannenberg, “Sensitivity of Collective Action”這兩篇文章，則用實驗加以證實。

頁 39—溫室效應：見第二章 56 頁的「氣候科學」一段。

頁 39—大約 9 千 4 百億噸：見第五章 129 頁的「5,850 億噸二氧化碳」。

頁 39—2 ppm：這個增長率的數值來自 CO2Now（http://co2now.org/Current-CO2/CO2-Trend/acceleration-of-atmospheric-co2.html），是採用 Keeling et al., Exchanges of Atmospheric CO2 書中的原始資料計算出來的。過去十年間（2000 到 2010 年），溫室氣體排放量平均一年增加 2.2%，比 2000 年之前的三十年間來得快（《IPCC 第五次評估報告》給第三工作組決策者的摘要）。單單來自化石燃料燃燒和水泥製造的二氧化碳排放量，在過去十年平均一年就增加了 2.5%（Friedlingstein et al., “Persistent Growth of CO2 Emissions”）。十年平均值可能會掩飾更近期的趨勢變化。

舉例來說，在 2012 年，全球二氧化碳排放量升高得比前十年間普通的一年要少（儘管有 2000 年代後期的全球不景氣）。換言之，濃度增加量的增長在 2012 年是減少的。

但是，排放量仍然上升了 1.4% 左右（Olivier et al., “Trends in Global CO2 Emissions”）。此外，這個充滿希望的趨勢在 2013 年並沒有持續，

那年的排放量預估比 2012 年升高了 2.1%（Le Quéré et al., "Global Carbon Budget 2013"）。即使我們讓增加速度變慢，使排放量（流入）維持穩定根本還不夠。我們必須穩定住（最後要做到減少）的是濃度，也就是含量。請回頭參閱從 30 頁開始的「浴缸問題」一段，以及第二章 50 頁的「浴缸」一段。

頁 39—十億或更多的高排放者：見 Chakravarty et al., "Sharing Global CO2 Emission Reductions"。

頁 39—每年超過 5 千億美元：個別國家的最新數字，請見〈世界能源展望 2014〉。最新的報告把總金額定在 5,480 億美元，比前一年減少了 250 億美元。報告也提到，許多國家正採取措施，想要減少他們的補貼。不過，化石燃料的補貼卻是再生能源補貼的四倍多。同時，全球二氧化碳排放量現在已超過 300 億噸〔世界資源研究所（WRI）的氣候分析指標工具（Climate Analysis Indicators Tool）〕。這平均算來是每噸二氧化碳超過 15 美元的補貼。關於進一步的估計（2011 年的總能源補貼是 4,800 億美元）以及「教訓和影響」，見 Clements et al., Energy Subsidy Reform。

把這些補貼對照一下某些國家由其他管制形式而產生的隱含二氧化碳價格。Vivid Economics, "Implicit Price of Carbon" 計算出澳洲、南韓、中國、日本、英國及美國在電力部門的隱含二氧化碳價格。價格從南韓的每噸 0.50 美元，到英國的每噸 28.46 美元。美國的價格估計約為每噸二氧化碳 5 美元，差不多等於美國化石燃料的直接和間接補貼的總和（OECD, "Fossil Fuel Subsidies" 估計，美國 2010 年化石燃料補貼合計是 163 億美元）。

Aldy and Pizer, "Comparability of Effort in International Climate Policy Architecture" 一文中的表 3，呈現出各國能源與氣候政策下的二氧化碳價格，價格範圍從美國區域溫室氣體倡議（RGGI）總量管制與交易計畫所訂的不到 3 美元，到德國太陽能電力收購制度所估計的每噸二氧化碳超過 750 美元。

頁 40—取消燃料補貼：見 "Nigeria Restores Fuel Subsidy to Quell Nationwide Protests"。

頁 41—皮古稅：後來發現，皮古本人寫的是兔子，而不是污染：「如果一位居住者的禁獵活動牽涉到另一位鄰近居住者的土地上有野兔橫行，則要提供免付費的附帶損失給第三方——除非兩位居住者其實是地主租戶的關係，這樣就要調整租金來補償。」（見 Pigou, The Economics of Welfare。）但原則是一樣的。

事實上，皮古稅雖然是有效的政策工具，卻也引來重分配的問題。譬如 Sterner, Fuel Taxes 一書中，就探討了汽油稅方面的重分配問題。

頁 41—還要更多：”Technical Update of the Social Cost of Carbon for Regulatory Impact Analysis under Executive Order 12866”的第一個表中給出的確切數字，是 2015 年每噸二氧化碳排放 37 美元，這是採用社會貼現率 3% 算出來的。對於 2020 年，數字是 43 美元；而對 2030 年，會增加到 52 美元。所有的數字都以 2007 年的幣值做過通膨調整。37 美元這個數字，以今天的幣值來算會更接近 40 美元。從 37 美元增加到 43 和 52 美元，凸顯了二氧化碳造成的損失是來自已經存在大氣中的濃度。已存在的越多，每增加一單位所造成的邊際損失越大。

此處引用的文件公布於 2013 年 11 月 1 日，是美國政府的最新資料，與三年前公布的數字相比有顯著的增加。三年前的二氧化碳社會成本中央估計值，是 2015 年每排放一噸二氧化碳 24 美元。”Technical Update”的表 1 概述了導致 2010 年到 2013 年間社會成本增加的重要因素。對於 DICE 模型，這些是「碳循環模型的更新校準，以及海平面上升（SLR）和連帶損失的明確描述。」關於跨部門工作小組做出 2010 估計值的原始詳細過程，另請參閱 Greenstone, Kopits, and Wolverton, “Developing a Social Cost of Carbon”。簡言之，美國政府的二氧化碳社會成本計算，是經過多年、多部會審查過程，根據三個公認經濟模型所做出的結果。其中最重要的模型，是耶魯大學諾德豪斯發展出的 DICE 模型。關於諾德豪斯的模型，請見第二章 58 頁的「DICE 模型」一段，以及第三章 84 頁關於「每噸 2 美元」和「諾德豪斯偏好的『最適』估算」的討論。

關於特定模型缺點的詳細分析，請見 Kopp and Mignone, “Social Cost of Carbon Estimates”。Van den Bergh and Botzen, “Lower Bound”一文主張，每噸二氧化碳的社會成本至少要 125 美元。關於一般整合評估模型

的評論，可參閱兩個重要的例子：Pindyck, “Climate Change Policy: What Do the Models Tell Us?” 及 Stern, “Structure of Economic Modeling”。Pindyck 對於文章標題所提問題的回應是：「非常少。」Stern 對於經濟模型能否說清一切，態度也同樣謹慎。不過，Pindyck 和 Stern 兩位的結論都是，跨部門工作小組提出的美國每噸二氧化碳約 40 美元的社會成本，是很好的起點。Stern 說這「遠比零要好。」最後，關於社會成本計算與厚尾的關聯的爭論，也就是第三章的主題，請參閱 Weitzman, “Fat Tails and the Social Cost of Carbon”。

頁 41—每加侖 35 美分：美國環保署估計，燃燒汽油平均每加侖會產生 0.00892 公噸的二氧化碳。如果每噸 40 美元，就是每加侖 35.68 美分。見”Clean Energy: Calculations and References”。

頁 42—總量管制與交易制度：總量管制與交易制度最早是在 Dales, Pollution, Property, and Prices 一書提出的。美國為了移除汽油中的鉛，以及更重要的，是為了把二氧化硫從煙囪移除以抑制酸雨，而採用總量管制與交易制度，來協助清除氟氯碳化物，以遵守蒙特婁議定書。

頁 42—結果完全相同：關於不確定情形下將福利損失減到最少的理論說明，請見 Weitzman, “Prices vs. Quantities”。Newell and Pizer, “Regulating Stock Externalities under Uncertainty” 一文把結果推展到包括二氧化碳等蓄積污染物（stock pollutant）的情形。

頁 42—長篇大論式的討論：關於最近針對徵稅或是限額的學術論辯，請見 Keohane, “Cap and Trade, Rehabilitated” 文中的贊成限額論點，以及 Metcalf, “Designing a Carbon Tax” 文中的贊成徵稅論點。關於這場爭論的綜述，可參閱 Goulder and Schein, “Carbon Taxes vs. Cap and Trade”。

頁 42—限制排放量：見 Keohane and Wagner, “Judge a Carbon Market”。

頁 43—遵循成本比原先設想的要低：見 Meng, “Estimating Cost of Climate Policy” 等文。

頁 43—徹底反制：見 Weitzman, “Negotiating a Uniform Carbon

Price”。

頁 45—電網改革：哈佛大學的霍根（Bill Hogan）是這方面的先驅。可參閱 Hogan, “Scarcity Pricing”。關於電網改革的更廣泛調查，請見 Fox-Penner, Smart Power 一書。

頁 46— 成本效益如何：Karplus et al., “Vehicle Fuel Economy Standard”一文檢視了相較於、以及與排放量限制合併的油耗標準。他們估計，美國的統合平均燃料效能（CAFE）新標準的成本，將會是減少同樣燃油使用量所徵的燃料稅的 6 到 14 倍。另請參閱 Fischer, Harrington, and Parry, “Automobile Fuel Economy Standards”，此文章中也有出色的調查。關於符合 CAFE 目標的最新成本估計，請見 Jacobsen, ”Evaluating U.S. Fuel Economy Standards”和 Klier and Linn, “New-Vehicle Characteristics”。關於燃料稅效益的評論，見 Sterner, Fuel Taxes。

第二章：氣候變遷關鍵詞

頁 51—5 ppm：欲知原始數據，請見夏威夷冒納羅亞觀測站（Mauna Loa Observatory）網站 http://www.esrl.noaa.gov/gmd/obop/mlo/ 上的數據。另請參閱第一章 39 頁的「2 ppm」。

頁 51—700 ppm：見第一章 29 頁的「700 ppm」。

頁 52—400 ppm：見第一章 25 頁的「400 ppm」。

頁 52—幾家公司：見 Gunther, Suck It Up。

頁 53—還要貴：這項技術可能擁有反轉方程式的潛力是，至少從狹義的移除碳而言：捕集到的二氧化碳可以輸送到地底下，以利抽出石油。這就是所謂的「提升石油採收」，可把捕集到的二氧化碳變成具有潛在價值的商品。諷刺（如果用這兩個字恰當的話）的是，這也會導致更多的排放量。

頁 53—或許不會：地球正在經歷前所未見的技術進展，而且有充分的理由（可參閱 Weitzman, “Recombinant Growth”等）。Morris, Why the West Rules—for Now 一書論辯究竟是西方或是中國會統治未來世界，最後用了這件事來為這本書總結。不過，Morris 談到了「奇異點」和「日暮」之間的選擇：如何避開像是氣候變遷這樣的生存風險，駛離「日暮」，駛向「奇異點」。

頁 54—最密切相關的仍是二氧化碳：見 Shoemaker and Schrag, “Overvaluing Methane’s Influence” 和 Solomon et al., “Atmospheric Composition” 等文。另請參閱第一章 24 頁的「幾十年的暖化」和「大氣中的過量二氧化碳」。

頁 55—定出上限或徵稅：關於這兩者之間複雜卻往往很重要的區別，請見第一章從 42 頁開始的，比較「總量管制與交易制度」和「徵稅」的論辯。

頁 55—已經成功了：見 van Benthem, Gillingham, and Sweeney, “Learning-by-Doing”。

頁 55—化石燃料補貼：見第一章 39 頁的「每年超過 5 千億美元」。

頁 56—要靠補貼：關於雙價格補貼方案的最完整論點，見 Acemoglu et al., “The Environment and Directed Technical Change”。

頁 56—一八二四年發現：在 1820 年代，傅立葉（Joseph Fourier）計算出，若考慮到與太陽的距離，地球的溫度應該比實際情形還要低得多。傅立葉認為，會有這種多餘的熱的可能理由之一，是大氣層充當了某種絕緣體。（見 Fourier, “Remarques generals”。這篇論文後來稍作修改，在三年後重新發表：Fourier, “Les Temperatures”。）

頁 56—一八五九年在實驗室裡證明：廷得耳（John Tyndall）於 1859 年 1 月在實驗室裡展開實驗，把傅立葉的研究工作往前推進了一步（見“John Tyndall”）。發表於 1861 年的開創性論文中，證明了氣體可以使熱保存在大氣中，氣體也包括水氣和二氧化碳在內（Tyndall, “On the Absorption and Radiation of Heat”）。

頁 56—一八九六年做出量化研究：阿瑞尼斯（Svante Arrhenius）在 1896 年首次演示了溫室氣體，並計算出氣候敏感度——二氧化碳濃度增加一倍時的溫度變化（見 Arrhenius, “On the Influence of Carbonic Acid”）。阿瑞尼斯算出的氣候敏感度為 5–6℃，高於 1970 年代確立的普遍估計值 1.5–4.5℃（見 Charney et al., "Carbon Dioxide and Climate"）。關於氣候敏感度，請見第三章的廣泛討論。

頁 57—氣候敏感度：「氣候敏感度」或「平衡氣候敏感度」普遍定義成大氣中二氧化碳濃度增加一倍時的全球平均地表平衡升溫。它本質上是長期的估計值，幾十年或幾百年下來達到「平衡」後氣溫會如何變化。從地質年代來看，這仍然算「快」。關於「快速平衡」和「地球系統敏感度」之間的差異，請見第一章 25 頁的「需要幾十年到數百年」；「快速平衡」是由最常採用的氣候敏感度參數來描述，而「地球系統敏感度」可能是普遍氣候敏感度估計值的兩倍以上。氣候敏感度的範圍通常是從各種估計值拼湊起來的：過去 150 年或更久的儀器實測氣溫值；來自過去數百萬年間冰川和其他發展的古氣候證據；經過仔細校準的氣候模型；以及許多其他的方法，譬如火山爆發證據或是單純的專家推斷（直接向氣候學家問他們的最佳猜測）。關於完整的評論，請見 Knutti and Hegerl, "Equilibrium Sensitivity"。

關於氣候敏感度計算的發展歷程與深遠影響，請參閱第三章。

頁 58—DICE：諾德豪斯在 1991 年提出了這個模型。後來衍生出的 RICE，把區域差異也包含進去。可參閱 Nordhaus, "To Slow or Not to Slow"和 Nordhaus, "Optimal Transition Path"。要看當時最完整的描述，請見 Nordhaus, "Optimal Greenhouse Gas Reductions"。關於諾德豪斯的工作的最新、最完整描述，請見 Nordhaus, Climate Casino 一書。關於後來的更新，可參閱 Nordhaus, "Estimates of the Social Cost of Carbon"，文中提到 2015 年二氧化碳排放的價格為每噸 18.6 美元（以 2005 年幣值計算）。欲知進一步的深入討論，請參閱第一章 41 頁的「還要更多」以及第三章 84 頁關於「每噸 2 美元」和「諾德豪斯偏好的『最適』估算」的討論。

頁 60—隨便開：我們對這個術語的定義和使用，僅限於地球工程方面。其他人則是用在能源效率改善的脈絡下，涉及一種網路效應，而且還是非常正面的效應：在特定能源效率計畫以外的那些人可能會採取效率更高的技術，因為計畫參與者會迫使他們覺得有必要這麼做。見 Gillingham, Newell, and Palmer, "Energy Efficiency Economics"等文。

頁 60—印尼坦博拉火山：Stothers, “The Great Tambora Eruption”一文估計，北半球氣溫平均下降了 0.4–0.7℃。關於這次火山爆發及其各種影響的詳細描述，請見 Klingman and Klingman, The Year without a Summer 和 Stommel, Volcano Weather。

頁 62—最關鍵的全球議題：這個主題的第一個、也是最廣為引述的研究，請見 Hardin, “Tragedy of the Commons”。

頁 63—幾百幾千年來：見第一章 24 頁的「大氣中的過量二氧化碳」。

頁 64—超過 10 公尺：見第三章 83 頁的「格陵蘭的冰融」。

頁 64—十分之一：可參閱 McGranahan, Balk, and Anderson, “The Rising Tide”；Anthoff et al., “Global and Regional Exposure”；Rowley et al., “Risk of Rising Sea Level”。

頁 64—看似例外：見 Jensen and Miller, “Giffen Behavior and Subsistence Consumption”。

頁 65—海洋酸化：國際原子能總署（IAEA）2012 年一場國際研討會後所做出的報告，〈海洋酸化經濟學〉，針對海洋酸化的經濟影響提出了概述，另外，IGBP, IOC, SCOR, “Ocean Acidification Summary for Policymakers” 這篇文章則探討了海洋酸化現象的科學。這兩份文獻的概要，請見 “Acid Test”。關於 5,600 萬年前的海洋物種相繼死亡，請參閱 Thomas, “Biogeography of the Late Paleocene”。陸地生物圈並沒有伴隨的大規模死亡。Cui et al., “Slow Release of Fossil Carbon”一文指出，大約 5,600 萬年前二氧化碳釋放進大氣中的最高速率要比今天慢許多。

頁 66—增加鹼度：關於直接把石灰石粉末加進海洋中的完整討論，見 Harvey, “Mitigating the Atmospheric CO2 Increase”。 在 Rau, “CO2 Mitigation” 一文中則提出一種不同的方法，是先從陸地捕集二氧化碳，再把鹼性溶液釋放進海中。英國皇家學會的文章“Geoengineering the Climate”有簡短的討論，並把這個主題放在更大的背景下。

頁 67—超過六成的全球排放量：這是採用世界資源研究所（World Resource Institute）的氣候分析指標工具（Climate Analysis Indicators

Tool），針對 2010 年得出的計算結果。

頁 68—許多書：桑斯汀（Cass Sunstein）的文章”Of Montreal and Kyoto”和後來在 Sunstein, Worst-Case Scenarios 一書中的改寫，為蒙特婁議定書和京都議定書做了歷史對照與分析。桑斯汀提出了幾個理由，來解釋蒙特婁議定書何以能有效運作，而京都議定書最多卻只有朝正確方向邁出幾小步。特別是，桑斯汀提供了相當充分的理由，認為其中一個成功而另一個成敗，與美國的國內效益成本分析有非常大的關係。欲知知情人士對於蒙特婁議定書制定的看法，可參閱 Benedick, Ozone Diplomacy 一書。Barrett, Environment and Statecraft 一書部分利用蒙特婁議定書的成功案例，建立了一套關於國際環境公約的理論，來看看是什麼要素使這些公約能夠運作，或是失敗，就像大多數情況那樣。

第三章：厚尾

頁 74—有可能：政府間氣候變遷專門委員會（IPCC）試圖在其共識評估報告中採用通俗易懂的詞彙：「有可能」（more likely than not）代表可能性大於 50%；「很可能」（likely）代表可能性大於 66%；「非常可能」（very likely）代表超過 90%；「極其可能」（extremely likely）代表超過 95%。IPCC 分別在第二、三、四、五次評估報告中採用這些措詞來形容人為造成氣候變遷的可能性。根據 Engber, “You’re Getting Warmer”，第四次評估報告的初稿曾要求用最高層級的「幾乎可以肯定」（virtually certain），代表機率超過 99%，最後才拍板定案為「非常可能」。Engber 在文章中還探討了 IPCC 機率評估的歷史與影響。最新的官方指導文件，請見 Mastrandrea et al., “IPCC AR5 Guidance Note”。欲了解更多相關歷程和科學基礎，詳見 Giles, “Scientific Uncertainty”。想知道這些關於機率的陳述受到的解讀（往往是曲解），請參閱 Budescu et al., “Interpretation of IPCC”。

頁 74—『沒有暖化』：關於近年來關於暖化「間斷」的討論，請見第一章 23 頁的「人類史上最溫暖的時期」。

頁 74—回推到 19 世紀：見第二章 56 頁的「氣候科學」。欲了解更多歷史與未來，另請參閱 Roston, The Carbon Age 一書。

頁 75—布羅克（Wally Broecker）：見 Broecker, “Climatic Change”。

頁 76—公認的事實：關於總升溫和累積排放量之間的比例關係有不少最新的討論，Stocker, “Closing Door” 和 Matthews et al., “Proportionality of Global Warming”是其中兩篇。

頁 76—400 ppm：這是二氧化碳的濃度。如果是計算其他的溫室氣體（不包括氣懸膠），二氧化碳當量濃度會介於 440 和 480 ppm 之間，視溫室氣體來源而定。見第一章 25 頁的「400 ppm」以及 39 頁的「2 ppm」。

頁 76—700 ppm：見第一章 29 頁的「700 ppm」。

頁 76— 特 別 研 究 小 組： 見 Charney et al., “Carbon Dioxide and Climate”。

頁 77—學術專才：施密特（Gavin Schmidt）在網站 Real Climate.org 上描述了這段事蹟；該網站是關於氣候變遷最新科學的絕佳知識庫（見 Schmidt and Rahmstorf, “11° C Warming”）。

頁 77—「可能」範圍：到 1990 年，IPCC 提出的範圍仍是 1.5–4.5℃。到 1995 年和 2001 年亦然。到 2007 年，範圍稍微縮小，不過是朝錯誤的方向。似乎不再有 1.5℃的可能。新的可能範圍變成 2–4.5℃。到 2013 年最新的 IPCC 評估報告中，範圍又再度擴大，回到一直以來的 1.5–4.5℃。這些報告的相關章節，請參閱《IPCC 第一次評估報告》第一工作組第 5 章、《IPCC 氣候變遷 1992 補充報告》B 節：〈氣候模擬、氣候預測與模型驗證〉、《IPCC 第二次評估報告》第一工作組、《IPCC 第三次評估報告》第一工作組、《IPCC 第四次評估報告》第一工作組，以及《IPCC 第五次評估報告》第一工作組。

對於氣候敏感度的範圍，確實隨著時間越來越把握。具體而言，「由於高品質而更長期的觀測紀錄顯示更明確的人為跡象、對於過程更加了解、更多且更清楚的古氣候重建證據，以及能更真實抓到更多程序的更佳氣候模型，如今的信心比以往高出許多」（Working Group I of the IPCC Fifth Assessment Report, TFE.6；另見 Box 12.2）。不過，IPCC 仍選擇用「很可能」

（信心水準＞66%）來描述此範圍，而不是更明確的評語，像是「非常可能」（＞90%）。

有另一個原因，可能使事情比過去更嚴重。1990年，IPCC大膽提出2.5℃且範圍較寬的「最佳猜測」。到2007年，「最有可能」的數值是3℃。不是百分之百確定，甚至不是統計上的「平均數」或「中位數」，但至少是單一的數字來支撐——雖然是個偏高的數值。到2013年，IPCC對於哪個數值最有可能，並沒有定論。這是信心的倒退。IPCC確實加了其他的警訊，尤其是有不到5%的機率氣候敏感度低於1℃，以及高於6℃的機率不到10%。關於「可能」範圍本身的定義，請參閱77頁的「機會顯然更大」和74頁的「有可能」。

頁77—「可能發生的」定義：見74頁的「有可能」以及前一個附注。

頁77—機會顯然更大：IPCC最新的評估報告做了更詳細的描述：報告中把1℃以下的數值稱為「極不可能」（extremely unlikely, 0–5%），而稱6℃以上的數值為「非常不可能」（very unlikely, 0–10%）（見《IPCC第五次評估報告》給第一工作組決策者的摘要）。下表的第二列將IPCC的措詞對應到不同氣候敏感度的實際機率值：

氣候敏感度	< 0°C	< 1°C	< 1.5°C	< > 2.6°C	> 3°C	> 4.5°C	> 6°C
IPCC（2013）	無資料	0–5%	（「可能」介於 1.5–4.5 ℃）				0–10%
我們的校準	0%	1.7%	11%	50%	37%	11%	3.1%

（介於1.5–4.5 ℃的機率為78%）

我們計算出高於4.5℃的機率11%，和低於1.5℃的機率11%，來校準對數常態分布。這麼做，可以盡所能保守解釋IPCC提出的數字。譬如IPCC說，高於4.5℃的任何數字會是「非常不可能」的，這表示是0–10%的範圍——如果取點估計值，就是5%。不過，如果IPCC報告的作者群想說這事實上只有5%，他們本來可以選擇用「極不可能」。而實際上他們說「非常不可能」，也許是打算表示5至10%的機率——點估計值為7.5%。無論是哪一種情形，針對氣候敏感度大於6℃的可能性，我們做出的校準機率估計值略高於3%，這是為了維持在7.5%以下的「保守」估計。

我們對於「可能」範圍的解讀也用到了類似的邏輯：IPCC所說的「很可能」定義為66至100%之間。不過如果作者想傳達，落在1.5–4.5℃範圍的機率高於90%，他們本來可以選擇用「非常可能」。（事實上，在給IPCC作者群的指導文件中，「非常可能」確實有牢不可破的定義，而「極其可能」是參與《IPCC第五次評估報告》第一工作組的作者外加的措詞；見「給第一工作組決策者的摘要」）。欲做對照，請參閱Mastrandrea et al., “IPCC AR5 Guidance Note”。相反的，IPCC報告的作者卻對「很可能」選擇了寬鬆的解釋，這使我們認為，實際的可能性也許不是66至100%之間，而是介於66至90%之間。我們做了折衷，把可能範圍以下的11%和以上的11%，取78%來計算。我們的中位數估計值為2.6℃。因此，最常引述的氣候敏感度平均值3℃，就很接近我們所做的校準的三分之二位置：我們假設氣候敏感度低於3℃的機率為63%，而相反的，氣候敏感度高於3℃的機率為37%，後者正是表內提到的機率值。其餘的估計值都列在上述表中的最後一行。

最新的《科學》和《自然》期刊論文都提出論證，認為氣候敏感度更有可能是高於、而不是低於3℃。Fasullo and Trenberth, “A Less Cloudy Future”一文發現，採用較低的氣候敏感度數值的模型並沒有充分考慮到來自雲量變動的反照率。Sherwood, Bony, and Dufresne, “Spread in Model”把這個想法做進一步延伸，並且斷定，雲混合過程的確切計數顯示氣候敏感度高於3℃。

頁78—香檳：大量的分析已經發現香檳酒瓶背後的精密科學。一般的750毫升酒瓶裡含9克的二氧化碳，開瓶之後會跑掉大約5公升二氧化碳（見Liger-Belair, Polidori, and Jeandet,“Science of Champagne Bubbles”）。更不用說每年為了運送到世界各地所排放的20萬公噸（Alderman, “A Greener Champagne Bottle”）。讓溶解在香檳裡的二氧化碳的損失減到最少的方法之一，是像倒啤酒一樣倒香檳——沿著玻璃杯緣，而不是直接往杯底倒。雖然這沒那麼高明，但科學家保證會讓味道更佳（Liger-Belair et al.,“Losses of Dissolved CO2”）。諷刺的是，如果完全沒有值得慶祝的事，用來慶祝的香檳喝起來也許不如我們所想的那麼好喝。事實上，法國香檳區的葡萄酒品質預期會隨著預計的氣候變遷而提升（Jones et al., “Global Wine Quality”）。

頁79—厚尾：「厚尾」（fat tail）的專門定義，是指以多項式或更慢的方式趨近零的分布。相反的，「細尾」（thin tail）就定義成以指數或更快的方式趨近零的分布。我們採用的對數常態（log-normal）分布，則介於厚尾和細尾分布之間。有些定義把它稱為「重尾」（heavy tailed）：不再是細的，但也稱不上厚。對數常態分布趨近零的速度比多項式快，但比指數要慢。這表示我們的校準比 IPCC 本身的數字來得保守；IPCC 指出，氣候敏感度高於 6℃的機率略大於 3%。這要對照到 IPCC 所稱的，介於 0 到 10% 的「非常不可能」範圍。見 77 頁的「機會顯然更大」。

頁 80—科學論文：我們是從 Weitzman, "Modeling and Interpreting the Economics" 這篇論文的概念出發，計算出文中的表 3.1。進一步的闡述，請見 Weitzman, "Fat-Tailed Uncertainty"。與這個表類似的版本，出現在 Weitzman, "GHG Targets as Insurance"，包含了針對三種機率分布的計算結果，但根據的是《IPCC 第四次評估報告》。下面所列的版本，是以對數常態機率分布去擬合氣候敏感度，如 77 頁的「機會顯然更大」附注中所描述：

下頁表中的第一列是最終二氧化碳當量（CO2e）濃度，第二列顯示根據這些濃度及假定氣候敏感度 3℃的最終增溫值，中位數是對《2007 年 IPCC 第四次評估報告》中的 2–4.5℃「可能」範圍所做的校準。第三列顯示假定氣候敏感度 2.6℃下的增溫值，中位數是我們對《2013 年 IPCC 第五次評估報告》中的 1.5–4.5℃「可能」範圍所做的「最佳」對數常態校準。後者也是我們呈現在正文中的內容。要注意的是，這個「最有可能的」增溫值，低於平均值或預期的數字，這是因為與 IPCC 氣候敏感度「可能」範圍擬合的分布，我們假定它為非對稱的對數常態分布，它在零的地方截斷，但有向上發展的長尾。儘管有不確定因素，沒有人會認真地爭辯說氣候敏感度應該有負的值。接下來的三行是關於 IPCC「可能」範圍的各種假設：第四行是假定舊有的氣候敏感度範圍 2–4.5℃，這是在 2013 年發布《IPCC 第五次評估報告》之前的最新共識；第五行把「可能」範圍的下限擴大到 1.5℃；這兩行都假定氣候敏感度落在「可能」範圍的機率為 70%，這是取 IPCC 定義「很可能」的數值 66% 的近似值。最後一行是取 66%（「很可能」）和 90%（「非常可能」）的折衷，把介於 1.5 至 4.5℃的機率定在 78%，而把氣候敏感度高於 4.5℃的機率定在 11%。由此會計算出氣候敏感度高於 6℃的機率值為 3%，這對幾乎任何一種標準而言都是低估。最後一行正是我們

CO2e 濃度（ppm）	400	450	500	550	600	650	700	750	800
平均氣候敏感度的增溫值（= 3°C）	1.5°C	2.1°C	2.5°C	2.9°C	3.3°C	3.6°C	4.0°C	4.3°C	4.5°C
中位氣候敏感度的增溫值（= 2.6°C）	1.3°C	1.8°C	2.2°C	2.5°C	2.7°C	3.2°C	3.4°C	3.7°C	3.9°C
在「可能」範圍（機率 70%）2–4.5 °C 的情形下，> 6°C的機率	0.03%	0.3%	1.3%	3.3%	6.3%	10.2%	14.4%	19.2%	23.9%
在「可能」範圍（機率 70%）1.5–4.5°C的情形下，> 6°C的機率	0.2%	1.1%	2.8%	5.2%	8.1%	11.3%	14.6%	18.0%	21.3%
在「可能」範圍（機率 78%）1.5–4.5°C的情形下，> 6°C的機率	0.04%	0.3%	1.2%	2.7%	4.9%	7.6%	10.6%	13.9%	17.3%

在正文中所講的，為求簡單起見相關的數字都再經過四捨五入。

頁 81—重：見 79 頁的「厚尾」。

頁 82—中位數：請注意，我們在這裡用氣候敏感度中位數 2.6℃來計算升溫值。如果是用傳統的氣候敏感度平均數 3℃，濃度達到 700 ppm 情形下的（平均）升溫就會變成 4.0℃（而不是如正文中提到的中位數 3.4℃）。

頁 82—黑天鵝：見 Taleb, Black Swan（中譯本《黑天鵝效應》）一書。

頁 82—未知的未知：倫斯斐（Donald Rumsfeld）在美國入侵伊拉克的背景下大力推廣這個詞彙，他在多個場合做了這個比喻。第一次提到是 2002 年 2 月 12 日在五角大廈的記者會上：「說明某件事還沒發生的報告，總能引發我的興致，因為我們都知道，總有已知的已知之事；有些事情，我們知道自己知道。我們也知道，會有已知的未知之事；也就是說，我們知道有些事情是自己不知道的。不過，還有一種未知的未知之事——那些我們不知道自己不知道的事情。如果有人看遍我們和其他國家的歷史，就會發現最難處理的事情往往屬於最後這一類」（Morris, “Certainty of Donald Rumsfeld”）。同年 6 月 6 日倫斯斐在北大西洋公約組織的記者會上，又重提這個觀點至少一次（Rumsfeld, “Press Conference”）。

經濟學家通常把提出這個想法的功勞歸給芝加哥學派的奈特（Frank Knight，見 Knight, “Risk, Uncertainty, and Profit”）。奈特確立了「風險」和「不確定性」的區分。（要注意，奈特所說的「風險」與一般人——包括一般科學家在內——所稱的「風險」意義不同。普通人所說的「生存風險」，包括我們在正文中的用法，比較接近奈特定義的「不確定性」，而不是奈特「風險」。）澤克豪瑟（Richard Zeckhauser）加了第三類：「不知情」（ignorance）。風險在處理已知的分布，不確定性是指不知道該選擇哪個分布，而不知情是連有沒有分布都還不清楚。見 Zeckhauser, “Unknown and Unknowable”和隨後的回應：Summers, “Comments”。

頁 83—全球暖化不良反饋：見 Walter et al., “Methane Bubbling”，這篇文章試圖量測從西伯利亞融冰湖釋出的甲烷，估計北部溼地釋出的甲烷比先前所認為的多出 10–60%。他們發現，釋出的甲烷最主要來自湖泊周圍的融冰永凍土，科學家認為這個過程是先前幾次氣候變遷中的關鍵過程。“Climate Science: Vast Costs of Arctic Change”估計，西伯利亞融冰永凍土釋出甲烷造成的總社會成本，會高達 60 兆美元之多。

頁 83—格陵蘭的冰融：格陵蘭冰層相當於 7.36 公尺的海平面高度，而南極大陸冰層若全部融化，海平面會上升 58.3 公尺（見《IPCC 第五次評估報告》第一工作組中的 chapter 4, “Observations: Cryosphere”）。若是南極大陸西部的冰層全部融化，海平面大約會上升 3.3 公尺（見 Bamber et al., “Potential Sea-Level Rise”）。想更了解冰融的不可逆性，請參閱第一章 24 頁的「數百年的海平面上升」。

《IPCC 第五次評估報告》發現，格陵蘭冰層從 2002 年到 2011 年每年平均貢獻了 0.59 毫米的海平面上升，而南極大陸在同樣的期間內可能平均貢獻了 0.4 毫米。這兩個貢獻率都是 1992 年到 2001 年的平均值的四倍之多。對於 1993 到 2010 的區間，全球海平面上升的平均觀測值為每年 3.2 毫米。IPCC 最壞情境下的總海平面上升估計值，是 0.53 到 0.97 公尺。他們認為，到 2100 年有可能使海平面上升量明顯超出這個可能範圍的唯一情況，會是當南極西部、冰床在海平面下之區域的冰層崩解的情形下（見《IPCC 第五次評估報告》第一工作組之 chapter 13, “Sea Level Change”）。

頁 84—DICE 模型：見第二章 58 頁的「DICE 模型」一段。

頁 84—每噸 2 美元：諾德豪斯為 1990 到 1999 年算出的數字是每噸碳 5 美元（Nordhaus, “Optimal Transition Path”）。我們採用 GDP 平減指數把這個數字換算成 2014 年的幣值，就得到每噸二氧化碳 2 美元。

頁 84—諾德豪斯偏好的「最適」估算：Nordhaus, “Estimates of the Social Cost of Carbon” 一文中提出，2015 年二氧化碳排放的價格是每噸 18.6 美元（以 2005 年幣值計）。換算成 2014 年的幣值，大約為每噸 20 美元。這篇論文提到了諾德豪斯所認為的「最適」途徑及各種其他的情境，包括使全球均溫上升幅度不到 2℃的情境。要注意的是，這個每噸 20 美元的估計值，比他在四年前才提出的「最適」途徑高了不少。稍後的 2015 年最適值是 12 美元（Nordhaus, “Economic Aspects”）。另外也要注意，20 美元的估計值不僅低於諾德豪斯的「2.5℃溫度上限的示例碳價」（見 Nordhaus, Climate Casino 一書中的 figure 33），也低於”Technical Update of the Social Cost of Carbon for Regulatory Impact Analysis under Executive Order 12866”的第一個表中，針對 2015 年每噸二氧化碳排放所提出的「中央」估計值；前者為 2015 年每噸排放 25 美元，後者為每噸近 40 美元，採用了三種模型的平均及 3% 的折現率來計算。諾德豪斯本人偏好的折現率是大約 4.2%。他證明了該如何用不同的折現率，來解釋 40 美元和他自己的估計值 20 美元之間的大部分差異。

頁 85—40 美元左右：見第一章 41 頁的「還要更多」。

頁 86—較溫和、較好的氣候：引述全文如下：「大氣中〔二氧化碳」的比例越來越高，我們可能就會希望常年享有較溫和、較好的氣候，尤其是地球上較寒冷的地區，也希望未來地球能比現在生長出更充足的作物，為了迅速繁衍的人類」（Arrhenius, Worlds in the Making, 63）。

關於適應暖化氣候的重要性和時機，Kahn, Matthew E., Climatopolis 一書是最好的代表。Kahn 認為，成本是一定會有的，但因應機制會自行創造機會，尤其是那些效率高的城市。

頁 87—追趕：關於諾德豪斯 DICE 估計值演進的探討，見 84 頁「每噸 2 美元」和「諾德豪斯偏好的『最適』估算」。關於美國官方數字的探討，見第一章 41 頁的「還要更多」。

頁 88—是一人創建起來的：諾德豪斯創造了 DICE。托爾（Richard Tol）發展了 FUND，現在主要由安道夫（David Anthoff）來維護：http://www.fund-model.org/ 一文。侯普（Chris Hope）是 PAGE 的推手：http://climatecolab.org/resources/-/wiki/Main/PAGE。

頁 88—大量的資料運算：氣候學家採用、為 IPCC 各份報告提供資料的基礎全球循環模型，事實上都牽涉到複雜的運算。不過，綜合評估模型則是靠著大幅簡化的輸出，譬如 DICE 就是仰賴溫室氣體所致氣候變遷評估模型（Model for the Assessment of Greenhouse Gas Induced Climate Change, MAGICC），而 MAGICC 又是幾個基礎氣候模型的大幅簡化版。DICE 本身在諾德豪斯的網站上免費提供使用，甚至能在 Excel 中執行：http://www.econ.yale.edu/~nordhaus/。

頁 89—許多是付之闕如的：可參閱 Howard, “Omitted Damages”等文章。Van den Bergh and Botzen, “Lower Bound”也同樣提出了一些氣候變遷效應，這些效應可由像 DICE 之類的模型充分取得。其中大部分的效應會使碳的社會成本增加，有些也可能會使成本減少。（見第一章 41 頁的「還要更多」。）

頁 89—二次外插法：DICE 採用了一個與溫度（T）有關的倒數二次損失函數，其中把損失定義成 1 / [1 + aT + bT2]。

頁 90—外推到 6℃這麼遠：事實上，在 Nordhaus, Climate Casino 一書中的圖到 5℃為止就截掉了，表示超出此幅度的氣溫變化所造成的損失太過不確定（或太罕見），故不予考慮。

頁 92—損害會影響到產出成長率：見 Pindyck, “Climate Change Policy”和 Heal and Park, “Feeling the Heat”，他們透過人體生理學把氣溫與勞動生產力關聯在一起。他們發現，在已經很熱——往往也很貧窮——的國家，高溫會使勞動生產力下降，而在涼爽——通常也較富裕——的國家，高於平均的氣溫會提升等量的勞動生產力。

Moyer et al., “Climate Impacts on Economic Growth”一文也同樣顯示，從生產力的產出量，氣候衝擊的變化對碳社會成本估計值的巨大影響：「即使這種影響很溫和，仍會使碳社會成本的估計值增加好幾個數量級。」

頁 93—損失是相加的：見 Weitzman, “Damages Function”。關於補充——重著於「相對價格」的概念——見 Sterner and Persson, “Even Sterner Review”。相乘與相加這兩類損失函數的基本區別，在於替代性。相乘損失的（隱含）假設，是效用函數內經濟部門與環境設施之間的單位替代性。相加損失則對效用函數中的這些部門假設較少（到沒有）替代性。

頁 97—有可能低估：見第一章 41 頁的「還要更多」。

頁 97—折現：許多書和文章都談過這個主題。Gollier, Pricing the Planet’s Future 是其中最好的一般入門書。

頁 97—更值錢：事實上，今天持有的一塊錢通常比明天持有的一塊錢更加值錢，但在一百年後這種一天之間的差異，幾乎是察覺不出來的。站在今天來看，一百年加一天與一百年相差無幾。很自然的，比起一百年後的那一天，人往往會對第一天的折現較多。這種特殊現象的專門術語叫做「雙曲折現」（hyperbolic discounting），是由 Laibson, “Golden Eggs”這篇重要的論文引進到經濟學中。

頁 98—年利率一直在 2%：見“10-Year Treasury Inflation-Indexed Security, Constant Maturity”。

頁 98—受到嚴厲批評：Weitzman, “A Review”一文中認為，「史登報告很可能是對的，但基於錯的理由」，低折現率就是錯誤理由之一。

頁 98—隨時間下滑：關於文中提到的折現率遞減數字，見 Weitzman, “Gamma Discounting”。關於後續對於遞減折現率背後邏輯的共識，請參閱 Arrow et al., “Determining Benefits and Costs” 和 Cropper et al., “Declining Discount Rates” 。舉例來說，法國和英國採用遞減折現率，但他們所用的數字不同：法國從 4% 開始，未來 300 年降至比 2% 稍高一點；英國從 3.5% 開始，300 年後降至 1%。

關於基本邏輯應用上的重要技術差異的一致化，請見 Gollier and Weitzman, “Distant Future” 。這篇文章的結論是：「長時間下來長期折現率會遞減到可能的最低值。」

欲了解遞減折現率背後的原因，可考慮下面這個想像實驗：假設我們不知道一百年後損失的實際折現率是 1% 還是 7%。前者是美國國庫券的最低利率，盡可能接近無風險投資；後者是來自晦澀但極其重要的「A-94 號通報」，美國政府強大的管理和預算辦公室（Office of Management and Budget）建議以此做為所有政府投資及法規決策的基準分析（OMB, “Circular No. A-94 Revised” ）。需注意，7% 的折現率無論如何都不是無風險的利率。事實上，它刻意處理有風險的投資決策。重大的問題是，風險較高的投資的折現率該升還是降，這在正文中有更詳盡的討論。

管理和預算辦公室針對 300 年後提出的其他更適合的折現率是 3%，這也是 40 美元碳社會成本的政府基準。但為了方便討論，我們就暫時採用 7% 這個數字。這當然算是上界，幾乎沒有人認為折現率要更高。這有充分的理由：一百年後的 100 美元以 7% 來折現，價值相當於今天的 9 美分。今天以 7% 的報酬率投資不到十美分，然後期望一百年後賺 100 美元。對投資人而言，這還不壞，但對一百年後氣候損失的折現來說，就讓這些損失在今天幾乎不值一文。當然，這正是一些人用來辯稱氣候損失沒那麼礙事的推論方法。如果今天只要撥出相當少的錢就足以支付損失，那為什麼要擔心一百年後的全球暖化成本？這在 7% 的情形下成立，但一百年後的 100 美元若以 1% 來折現，價值是今天的 37 美元，這就相當多了。

我們來折衷一下，取 1% 和 7% 的中間值 4% 來當折現率：現在，一百年後的 100 美元，價值相當於今天的 1.8 美元。比起 1% 算得的 37 美元，這和 7% 算出來的 9 美分非常接近。不過，這只是「折衷」的方法之一。如果我們就是不知道折現率該為 1% 或是 7% 呢？

把兩種折現率的機率定為 50 : 50。有 50% 的機率是 9 美分，而有 50% 的機率是 37 美元，平均起來大約是 18 美元。這個折現數字，比我們用平均折現率 4% = (7% + 1%) / 2 算出的數字大得多。事實上，在我們的例子中，兩者差了十倍：18 美元對 1.80 美元。而且，差距會隨時間遞增。關於遞減折現率的不同論點，可參閱 Heal and Millner, "Agreeing to Disagree"。他們認為，折現率的選擇是達到遞減折現率相同結論的「倫理本原」（ethical primitive）。

頁 99—布雷克－李特曼全球資產配置模型：見 Black and Litterman, "Global Portfolio Optimization"。

頁 100—明顯的暗示：「如果因為有夠多的潛在情境伴隨災難性的損失，而使氣候風險主導經濟成長風險，則碳排放投資的適當折現率會低於無風險利率，而二氧化碳排放的現價要更高。在那樣的情境中，氣候風險的『beta 值』是個很大的負數，而減碳投資可提供保險給付。另一方面，如果因為成長力道強勁，災難性的損失基本上不可能產生，較可能發生的是較小的氣候損害，而使經濟成長風險一直保持主導地位，時機很好，邊際效用又低，則氣候風險的『beta 值』是正數，折現率會比無風險利率高，而二氧化碳排放的價格會較低」（Litterman, "Right Price"）。關於早期在氣候經濟方面對「beta 值」的使用，見 Sandsmark and Vennemo, "Portfolio Approach"，文中論及減碳投資的負 beta 值。Gollier, "Evaluation of Long-Dated Investments" 則提出正 beta 值的理由。

頁 101—股權溢價之謎：欲知概貌，見 Mehra, "Equity Premium Puzzle"。

頁 102—徹底改變股權溢價之謎：關於這個論點的專門討論，請見 Weitzman, "Subjective Expectations" 或 Barro, "Rare Disasters"。對於股權溢價之謎的其他解釋，及持續進行中的爭論，可再參閱 Mehra, "Equity Premium Puzzle"。

頁 102—「黑色」之日：1987 年 10 月 19 日黑色星期一，道瓊股價指數下跌 22%；1929 年 10 月 29 日黑色星期二，從此陷入「大蕭條」；1992 年 9 月 16 日黑色星期三，索羅斯（George Soros）做空英格蘭銀行，賺進十億英鎊見一文；1929 年 10 月 24 日黑色星期四，華爾街一開盤不久就損失超過 10%（只要回想一下前述的黑色星期二，就會知道接下來發生的事）；1869 年 9 月 24 日黑色星期五，意圖壟斷黃金市場失敗之後，股市狂跌。這些都不要跟始於 2008 年 10 月 6 日星期一的黑色週混為一談，當時道瓊股價指數到週五為止下跌了 18%。上述每件金融事件發生之後，《華爾街日報》頭版文章就會有有趣、當時的解讀。關於我們現在所熟知的「黑色星期一」引發的反應，請見 Metz et al., "Crash of '87"。在視為大蕭條開端的黑色星期二和星期四過後，《華爾街日報》似乎出奇冷淡。"Pressure Continues: Stocks Sink Lower under Record Volume of Liquidation" 一文（刊於 1929 年 10 月 30 日）承認股價在前一天大跌，但也指出「產業活動規模龐大且基礎良好，沒有呈現出前景蕭條的跡象」，並預測說「初期衝擊逐漸消退之後，從許多方面來看都將能證明衰退是有利的，資金可從市場釋出，流向產業」。"Demoralized Trading: Stocks Break on Record Volume—Banking Support Starts Rally" 一文（刊於 1929 年 10 月 25 日）則對此情勢略有恐懼，文章開頭寫道：「從許多方面來看，昨日股市在證交所史上是極不尋常的。」不過文章結尾卻推測，市場很快就會好轉。Zweig, "What History Tells Us" 把前面所提的「黑色週」放在「大崩盤」的脈絡下來檢視，並做對照。關於黑色星期三隔天的倫敦《金融時報》頭版文章，請見 Stephens, "Major Puts ERM Membership on Indefinite Hold"。

頁 103—把它關聯到：見 Litterman, "Right Price"。

頁 104—不會在明天就大幅升高：我們對於短期和中期的升溫值比較清楚：《IPCC 第五次評估報告》給第一工作組決策者的摘要發現（「中度可信度」），在接下來二十年（2016 到 2035 年），相較於過去二十年（1986 到 2005 年），可能的額外增溫值會介於 0.3 到 0.7℃之間。

對於本世紀的最後二十年，預測值差異極大。根據所選擇的情境，相較於過去二十年，平均全球升溫有可能落在 0.3–1.7℃到 2.6–4.8℃的範圍，這是結果極為不同的範圍，而這些只是可能的範圍。關於海平面上升的影響，可參考第一章 19 頁的「0.3 到 1 公尺」。

要注意的是，所有這些估計值，包括海平面上升的估計值，都是相對於 2005 年之前的二十年。相對於「今天」的 4.8℃額外升溫，代表從工業革命前以來的總升溫為 5.5℃。

頁 104—花的時間就越久：關於這個論點，請見 Roe and Bauman, “Climate Sensitivity”。他們利用標準的支付意願架構，得出厚尾可能不會昂貴的結論。（關於同一位〔主要）作者的截然不同的結論，請參閱 Roe, “Costing the Earth”。）

頁 108—歐盟：關於歐盟碳排放交易市場的早期但全面的調查，見 Ellerman, Convery, and de Perthuis, Pricing Carbon。

頁 108—唯一的例外是瑞典：見 Hammar, Sterner, and Åkerfeldt, “Sweden’s CO2 Tax” 和 Johansson, “Economic Instruments in Practice”。

頁 108—決策準則：關於替代決策準則的近期論述，見 Heal and Millner, “Uncertainty and Decision”。另請參閱 Millner, Dietz, and Heal, “Scientific Ambiguity and Climate Policy”。

頁 109—倫理學的環節：關於氣候科學家提出的強烈道德理由，見 Roe, “Costing the Earth”。關於倫理學家為經濟學家參與道德層面提出的強烈理由，請參閱 Sandel, “Market Reasoning as Moral Reasoning”。

第四章：當我們選擇沒看見

頁 112—美國最高法院：見 Global-Tech Appliances, Inc., et al. v. SEB S.A.。

頁 113—通俗解釋：關於大眾對「刻意無視」的看法——附帶一點氣候變遷的客串——見 Heffernan, Willful Blindness。

頁 113—碳稅還是管制：請參閱我們在第一章關於要徵稅或是要總量管制與交易制度的討論。

頁 114—幾乎是零：見第一章 39 頁的「每年超過 5 千億美元」。

頁 114—大約是 40 美元：見第一章 41 頁的「還要更多」。

頁 116—統計生命價值：關於兩項最近的傑出調查，見 Ashenfelter, “Measuring the Value of a Statistical Life” 和 Viscusi and Aldy, “Value of a Statistical Life” 。

頁 116—百分之一的可能：關於為什麼這是錯誤等價的完整引文與論點，見 Sunstein, Worst-Case Scenarios。不管某事件會造成什麼損害，若它的發生機率是 1%，就表示損害的估計值必須除以 100，才有合理的比較標準。

頁 119—最壞的情況：關於最壞情況的討論，可先參閱 Sunstein, Worst-Case Scenarios。另一篇經常有人引用的相關專著是 Posner, Catastrophe: Risk and Response。關於整體的概要和評論，以及更深入的闡述，請見 Parson, “The Big One” 。Bostrom and irkovi , Global Catastrophic Risks 嘗試做出全面的分類，超越我們所列舉的八種潛在生存風險。想獲知更專門、帶著「積極樂觀」態度的探討，請參閱 Garrick, Quantifying and Controlling Catastrophic Risks。

頁 119—他們的結論是：欲了解概況，請見 Parson, “The Big One” 。

頁 120——直低估了：見第一章 15 頁的「每千年發生一次」。

頁 120—20 至 30 億美元：見第一章 14 頁的「約 20 或 30 億美元」。

頁 121—指導原則：可參閱 Revesz and Livermore, Retaking Rationality 等。

頁 122—核武恐怖主義更糟：Bostrom and irkovi , Global Catastrophic Risks 一書把發生災難性核武恐怖主義的機率定在 1 到 5%。相較之下——而且是有根據的猜測—— Allison, Nuclear Terrorism 一書中第 15 頁寫道：「未來十年美國有可能遭受核武恐怖攻擊的。」Silver, “Crunching the Risk Numbers” 把這換算成：未來這十年中遇上這種災難的可能性是每年 5%。

頁 124—鮮明的對比：此邏輯及這個段落中的部分用語，出自 Weitzman, “Modeling and Interpreting the Economics” 。

第五章：拯救地球

頁 127—拯救地球：我們在這裡討論的地球工程類型，專門術語稱為太陽輻射能管理（solar radiation management）或短波輻射管理（shortwave radiation management），兩者均簡稱為 SRM；這與直接除碳（DCR）或二氧化碳吸除（CDR）有別。（關於後者，請見第五章 147 頁的「有各種不同的名目」以及第二章 50 頁的「浴缸」一段。）

儘管相關的科學仍在起步階段，地球工程已緩慢卻穩健地進入公共對話中。最出色的公開文件，可參閱 Keith, A Case for Climate Engineering。最通俗易懂的資料，請見 Goodell, How to Cool the Planet。最強有力、證據充分的辯駁，見 Hamilton, Earthmasters。關於我們自己的見解，見 Wagner and Weitzman, “Playing God”。

頁 128—使發展可永續進行：見 United Nations, Our Common Future，聯合國的這份報告通常又稱為「布倫特蘭報告」（Brundtland Report）。

頁 128—地球的大氣層：從 1861 至 1880 年間測得的平均值，到 1980 至 1989 年間測得的平均值，全球均溫上升了 0.45℃（見《IPCC 第一次評估報告》之 chapter 7, “Observed Climate Variations and Change”）。

頁 129—超過二十萬人無家可歸：見 McCormick, Thomason, and Trepte, “Atmospheric Effects”。

頁 129—2 千萬噸左右的二氧化硫：二氧化硫的估計值介於 1,700 萬噸（Self et al., “Atmospheric Impact”）到超過 2,000 萬噸（Bluth et al., “Global Tracking”）。要注意的是，這裡是針對二氧化硫來測量的。若只有硫的重量，則需把這些估計值除以 2。

頁 129—約 5,850 億噸二氧化碳：我們是根據 Keeling et al., Exchanges of Atmospheric CO2 一書中的 ppm 濃度值，再利用二氧化碳資訊分析中心的轉換率每 ppm 為 21.3 億噸的碳（” Conversion Tables”），來計算出這些數字。普遍認為工業革命前大氣中的二氧化碳濃度值為 280 ppm，即 2.19 兆噸的二氧化碳。1990 年所測得的二氧化碳濃度是 355 ppm，相當於 2.77 兆噸。這比工業革命前高出 5,850 億噸。截至目前為止，平均二氧化碳濃度為 400 ppm，也就是 3.1 兆噸二氧化碳。相減之後，就得到高出工業革命前的數字 9,400 億噸。

頁 129—數字仍在增加：見第一章 39 頁的「2 ppm」。

頁 130—五千倍：在廣島投下的那顆原子彈，威力是當時傳統炸彈的二萬倍（見白宮 1945 年 8 月 6 日的新聞稿）。相較於一噸的傳統炸藥，這顆原子彈的功率質量比平均算來約為 4,500。它讓超過八萬人喪命，儘管爆炸過程中只有 1.38% 的核心分裂（Schlosser, Command and Control）。目前部署過威力最強的原子彈，是常春藤行動中的國王（Ivy King）核彈，功率質量比約為 128,000 ——威力相當於 50 萬噸黃色炸藥，重達 3.9 噸（"Operation Ivy"）。

頁 130—泰坦二號飛彈：西洛瑟（Eric Schlosser）的《指揮與管制》（Command and Control）一書針對核彈的演進以及世界試圖管制核彈（在某些情況下幾乎失敗）的方式，提供了優異的新聞報導。

頁 130—1 百萬比 1：Keith, A Case for Climate Engineering 一書第 67 頁，把二氧化碳的總噸數與每年將一百萬噸硫注入平流層的效應做了比較。由此得到的槓桿率接近 100 萬比 1。

頁 131—2% 至 3%：皮納圖博火山是研究得最多的火山爆發，有數十篇論文估計出單單太陽輻射量的總影響。大部分的估計結果，都以瓦特每平方公尺（W/m2）為單位來呈現。這次火山爆發直接造成 25–30% 的直接太陽輻射量減少。前 10 個月平均來算，「夏威夷冒納羅亞觀測站測到的月平均晴空總太陽照射度，下降了 5% 之多，平均……為 2.7%」（見 Dutton and Christy, "Solar Radiative Forcing"）。後續由模型也發現類似的結果（見 Stenchikov et al., "Radiative Forcing"）。NASA 地球觀測站（NASA Earth Observatory）證實了這些數字：「雖然整體太陽輻射量減少了不到 5%，但數據顯示，直接輻射量減少了 30% 之多。」

頁 131—變酸：見 Caldeira and Wickett, "Oceanography"。另請參閱第二章 65 頁的「海洋酸化」。

頁 131—製造了更多問題：附帶一提，使海洋（或其他生態系）變酸似乎不在這些問題中。二氧化碳會讓海洋酸度升高，硫——以二氧化硫的形式——從大氣中洗出後也會使海洋變酸。然而，由二氧化碳導致的海洋酸化，強度是來自皮納圖博火山式地球工程的硫沉澱效應的100倍，至少是透過酸雨的破壞途徑。Kravitz et al., “Sulfuric Acid Deposition”一文認為，「來自地球工程的額外硫酸鹽沉澱，不足以對大多數的生態系產生負面影響，即便是假設所有的沉澱硫酸鹽都是以硫酸的形式出現。」

頁131—平流層臭氧含量降低：McCormick, Thomason, and Trepte, “Atmospheric Effects”一文估計，皮納圖博火山爆發有可能使赤道上方的臭氧減少了6–8%。Self et al., “Atmospheric Impact”一文指出，火山爆發之後臭氧的減少量比以往的紀錄都要來得高。Heckendorn et al., “Impact of Geoengineering Aerosols”一文以皮納圖博爆發所連帶的臭氧減少為研究案例，並斷定，使用以硫為主微小顆粒的地球工程會導致「臭氧層顯著變薄」。

然而，皮納圖博火山的直接影響不應和未來任何一種地球工程方案的整體效應混為一談，因為全球升溫本身可能也會加速臭氧破壞，這是地球工程可能逆轉或防止的效應。可參閱Kirk-Davidoff et al., “Effect of Climate Change”及Keith, “Photophoretic Levitation”。

頁131—全球乾旱期：見Trenberth and Dai, “Effects of Mount Pinatubo”一文。另請參閱Jones, Sparks, and Valdes, “Supervolcanic Ash Blankets”。

頁133—該降幾度：羅伯克（Alan Robock）把誰來控制恆溫器的這個問題，以及其他19個實際問題，列為地球工程可能製造更多麻煩而非價值的理由（Robock,“20 Reasons”）。另外一組無法簡單回答的問題，牽涉到「改造地球」的道德性。賈德納（Stephen Gardiner）在”Arming the Future”一文中，概略提出了一個反對地球工程的道德論點，他特別反對的想法是，在和災難性的氣候變遷相較之下把研究地球工程視為「兩害相權之輕者」。

頁134—全世界每年補貼：見第一章39頁的「每年超過5千億美元」。

頁135—大約會把一噸：航空業還有很多其他直接與間接的影響。關於全面的調查，請見Dorbian, Wolfe, and Waitz, “Climate and Air Quality Benefits”和Barrett, Britter, and Waitz,“Global Mortality”。

頁135—至少40美元的損失：見第一章41頁的「還要更多」。

頁 135—橫越大西洋航班：從紐約飛歐洲的來回航班，碳足跡是每位旅客 2–3 噸。見 Rosenthal, “Biggest Carbon Sin”。

頁 135—三千萬班；三十億旅客：這些 2012 年的數字，出自國際民航組織（ICAO）的”The World of Civil Aviation: Facts and Figures”。

頁 136—自願協調：已故的寇斯（Ronald Coase）會同意；寇斯是最先提出下面這個想法的人：在某些強有力的條件下，個體之間的協調（「寇斯協議」）可達成最佳社會解決方案。見 Glaeser, Johnson, and Shleifer, “Coase vs. the Coasians”。主要障礙之一是，眾多行動者之間的協商會有龐大的交易成本存在。寇斯利用交易成本的概念來解釋企業的角色（見 Coase, “The Nature of the Firm”），因而一般認為把此概念引進經濟學，要歸功於寇斯。引進後來稱為「寇斯協議」（Coasian bargaining）的那篇開創性文章明確指出，清楚明確的財產權與低交易成本，是協議成功的前提（Coase, “The Problem of Social Cost”）。

頁 136—便宜得不容忽視：英國皇家學會（Royal Society）的文章 “Geoengineering the Climate” 估計，把微小顆粒注入平流層來使地球降溫，成本為每年每瓦特每平方公尺 2 億美元。這要相較於根本性減少二氧化碳所估計出的每年每瓦特每平方公尺 2,000 億美元。Schelling, “Economic Diplomacy of Geoengineering” 是最早提出這一點的經濟學家之一。其中最出色的可能要屬 Barrett, “Incredible Economics of Geoengineering”。Keith, “Geoengineering the Climate” 與 Royal Society, “Geoengineering the Climate” 則是最具權威性的。Goes, Tuana, and Keller, “Economics (or Lack Thereof)” 和 Klepper and Rickels, “Real Economics of Climate Engineering” 增添了重要的說明。最近的文章 McClellan, Keith, and Apt, “Cost Analysis” 補充了進一步的觀點。最後還有 Bickel and Agrawal, “Reexamining the Economics”，擴展了 Goes 等人的研究，並改變了幾個假設，結果發現地球工程在更多情境下會通過效益成本分析的檢驗。

頁 139—艾西洛馬進程：見 Berg, “Asilomar and Recombinant DNA” 一文。關於最初的艾西洛馬聲明，請參閱 Berg et al., “Summary Statement”。

頁 140—第三個標題：見 Giles, “Hacking the Planet”。

頁 140—艾西洛馬 2.0：非政府組織美國環保協會（Environmental Defense Fund）是這場會議的共同贊助者之一。

頁 141—第一手報導：見 Schneider, Science as a Contact Sport。

頁 141—最後做出的聲明：由艾西洛馬科學籌備委員會（Asilomar Scientific Organizing Committee） 準 備 的 ”Asilomar Conference Recommendations”。

頁 141—皮納圖博火山式的補救辦法：自從 Crutzen, “Albedo Enhancement”一文於 2006 年發表之後，。地球工程就備受關注，這篇文章可說是打破了長期的忌諱。《氣候變遷》（Climatic Change）期刊針對 77 篇「地球工程」相關文章所做的非正式調查，顯示其中 19 篇是在 1977 年到 2005 年的這 18 年間發表的；從 2006 年到 2013 年，則有 58 篇。單單在 2013 年，就有 23 篇跟地球工程有關的文章發表，而且只是這份期刊上的文章數。

頁 142—權衡：許多經濟學家稱之為「道德危機」（moral hazard），率先把它用於地球工程領域的人可能是凱斯（David Keith，見”Geoengineering the Climate”）。儘管貝瑞特（Scott Barrett）很具說服力地指出，這嚴格說來並不正確，但標籤仍在。道德危機是指雙方間的誘因問題。由於繫上安全帶而開得更快，就只是缺乏自制能力。同樣的，在 Keith, A Case for Climate Engineering 一書中第 139 頁，把某些後續的爭論描述為「道德混淆，而非道德危機」。

頁 143—絕大多數的美國人：李瑟維茲（Tony Leiserowitz）在 2010 年 3 月的艾西洛馬會議上提出這些結果。此後他就沒有提出那個問題了。

頁 144—把屋頂漆成白色：見 Menon et al., “Radiative Forcing”。英國皇家學會的”Geoengineering the Climate”一文形容這是「最沒成效、花費最貴的做法」之一。這份報告估計，以每減少一瓦特 / 平方公尺輻射強迫來計算，把屋頂漆白的成本是皮納圖博火山式地球工程的一萬倍。

頁 144—惡性循環：見 Curry, Schramm, and Ebert, “Sea Ice-Albedo”。

頁 144—其他地方的都會區：Oleson, Bonan, Feddema, “Effects of White Roofs”一文發現，在都市環境中把屋頂漆白，可減緩三分之一的都市熱島效應，使每日最高溫降低 0.6℃。

頁 145—讓情形變本加厲：見 Jacobson and Ten Hoeve, “Urban Surfaces and White Roofs”。

頁 145—影響的十分之一：Menon et al., “Radiative Forcing”一文估計，把都會區的屋頂和人行道漆成白色，可達到約 570 億噸的二氧化碳補償。皮納圖博火山爆發抵消掉的二氧化碳是 5,850 億噸。

頁 145—需要開空調：見”Cool Roof Fact Sheet”一文。

頁 145—絕佳的方案：最近有幾項研究檢視了成效。可參閱 Latham et al., “Marine Cloud Brightening”、Jones, Haywood, and Boucher, “Geoengineering Marine Stratocumulus Clouds”、Latham et al., “Global Temperature Stabilization”、Salter, Sortino, and Latham, “Sea-Going Hardware”等文章。

頁 146—印度的雨季：Keith, A Case for Climate Engineering 一書第 57–60 頁把印度雨季的討論，形容為地球工程最極化的區域影響之一。也可比較一下 Robock, Oman, and Stenchikov, “Regional Climate Responses”和 Pongratz et al., “Crop Yields”兩文。前者認為地球工程有可能「減少為數十億人供應糧食的降雨」，後者則認為地球工程有可能提升印度的作物產量。

頁 147—有各種不同的名目：關於地球工程方案的概要，請見皇家學會的“Geoengineering the Climate”一文。所有的方案各有該注意的事項和例外情況。有些方案的效能頗受爭議。舉例來說，最近一項針對生物炭的研究就顯示，該方案的效果可能不如原先預期。Jaffé et al., “Global Charcoal Mobilization”發現，碳並未全被捕獲，有很大一部分其實溶解了，並釋放進河流和海洋中。許多其他的研究則顯示，生物炭的「平均滯留時間」估計值介於 8.3 年（Nguyen et al., “Long-term Black Carbon”）至 3,624 年（Major et al., “Fate of Soil-Applied Black Carbon”）。Gurwick et al., “Systematic Review of Biochar Research”這篇文章檢閱了超過 300 篇同儕審查的生物炭相關論文，得出的結論是，根據現在可取得的有限且大範圍的數據，根本不可能做出什麼結論。

頁 147—海洋施肥：許多科學家認為，海洋施肥是效率很低的除碳方法，大規模實施很可能既沒效果，又會破壞海洋生態系。另請參閱 Strong et al., “Ocean Fertilization”。

頁 149—0.8℃：見第一章 29 頁的「升溫 0.8℃」。

頁 149—到 2100 年之前：《IPCC 第五次評估報告》給第一工作組決策者的摘要提出，在 RCP8.5 情境下，到 2100 年的氣溫變化範圍大致為 3–5℃。美國環保署估計，到 2100 年的氣溫變化將高達 11.5 ℉（約 6.4℃，見”Future Climate Change”）。

頁 149—嚴重的問題：見第一章 29 頁的「馬克·林納斯」和「HELIX」。

頁 149—驟升：專門術語稱為「終止效應」（termination effect）。Jones et al., “Impact of Abrupt Suspension”利用 11 種氣候模型來研究這個效應。他們發現這些模型的一致模擬結果是，長期地球工程一旦突然終止，會導致全球均溫和平均降雨量迅速上升，以及海冰覆蓋面積迅速減少。Matthews and Caldeira, “Transient Climate–Carbon Simulations” 估計，地球工程突然終止之後，暖化速度可能會變成今天的 20 倍。

頁 150—對國家安全的威脅：欲了解最生動的看法，可參閱戴爾（Gwynne Dyer）的《氣候戰爭》（Climate Wars）。美國國防部的〈四年防禦評估報告〉宣稱：「氣候變遷與能源是塑造未來安全環境方面發揮重要作用的兩大關鍵。」Hsiang, Meng, and Cane, “Civil Conflicts”就指出了歷史上的記載，顯示聖嬰／南方振盪現象對於 1950 年以來五分之一的美國國內衝突可能起了作用。Hsiang, Burke, and Miguel, “Influence of Climate”審閱了 60 份針對氣候與人類衝突的研究，發現兩者間有實質的因果關聯。

頁 151—降雨減少：關於此現象的傑出調查，請見 Ricke, Morgan, and Allen, “Regional Climate Response”。Self et al., “Atmospheric Impact”一文注意到，密西西比河洪災有可能肇因於皮納圖博火山爆發。另請參閱 Christensen and Christensen, “Climate Modelling”。欲了解關於氣候變遷、而非地球工程的一般歸因科學，請見第一章 18 頁的「歸因科學」。

頁 151—歸因科學：見第一章 18 頁的「歸因科學」。

頁 152—罪責就比較惡劣：見 Samuelson and Zeckhauser, “Status Quo Bias”和 Kahneman, Knetsch, and Thaler, “Anomalies”。欲了解相關的概念「倫理雙果原則」（doctrine of double effect），請見 Thomson, “The Trolley Problem”。另請參閱 171 頁的「像罪責一樣惡劣」。

頁 152—研究得最徹底：見 McCormick, Thomason, and Trepte, “Atmospheric Effects”。

頁 152—對大氣層做實驗：欲了解反對實驗室以外地球工程研究的倫理學論點，請見 Robock, “Is Geoengineering Research Ethical?” 一文。事實上，有一組更廣泛的議題，有時稱為「柯林瑞奇困境」（Collingridge dilemma）：擁有一項技術之前，我們不可能知道它的影響；一旦擁有了，基本力量促使我們使用這項技術（Collingridge, The Social Control of Technology）。

頁 153—從 19 世紀以來：見第二章 56 頁的「氣候科學」一段。

頁 153—「全球暖化」這個用詞：見第三章 75 頁的「布羅克（Wally Broecker）」。

頁 154—許多類似的努力：「艾西洛馬 2.0」會議只是其中一例。另一個例子是英國皇家學會、開發中國家科學院及美國環保協會召集的太陽輻射能管理治理措施（Solar Radiation Management Governance Initiative）。根據一些評估，艾西洛馬會議本身只是地球工程「牛津原則」（Oxford Principles）的延續。牛津原則是在 2009 年提交給英國下議院科學與技術特別委員會的報告，” The Regulation of Geoengineering”，隨後由委員會和英國政府核准。這些原則的作者群也寫了一篇論文，解釋其功能，並提出實施方法。（見 Rayner et al., “The Oxford Principles”。）

頁 154—打破地球工程研究治理的僵局：見 Parson and Keith, “End the Deadlock”。這並不是凱斯（David Keith）首度觸及治理議題。另請參閱 http://www.keith.seas.harvard.edu/geo-engineering/。

第六章：007

頁 165—有某位「綠手指」：見 Wood, “Re-engineering the Earth”。事實上，有些人可能會說這種事情已經發生了，至少在很小的規模上。在 2012 年，無論地球工程的反對者還是科學家，兩方都因為發現美國商人拉斯 喬治（Russ George）竟做了危險的海洋施肥「實驗」而震怒，這個人把 100 噸的硫酸鐵（這是先前任何一次施肥實驗的五倍）倒進太平洋，為了促使浮游生物大量生長，他以為這樣既可把碳從大氣中吸除，也有助恢復當地鮭魚漁場。喬治的「實驗」被抨擊為違反科學、不合法且不負責任，喬治本人則被冠上「第一位地球義警」之名號（見 Specter, “The First Geo-Vigilante”; Fountain, “Rogue Climate Experiment”）。原來，加拿大原住民海達族的老馬塞特（Old Massett）漁村曾經投票，決定借錢給海達鮭魚復育公司（Haida Salmon Restoration Corporation）所提出的計畫，希望讓當地鮭魚漁場起死回生，後來由喬治擔任首席科學家。目前還不清楚該實驗是否有助於鮭魚族群的復育（參閱 Tollefson, “Ocean-Fertilization”）。

頁 165—其他方面的疑問：關於地球工程改造過的地球的未來情境，請見 Weitzman, “The Geoengineered Planet”。對於科學、政治學及倫理學的整體看法——而且是強有力的觀點——請參閱 Keith, A Case for Climate Engineering。

頁 166—東亞還有數千萬人：在東亞的幾條大河中，喜馬拉雅冰川融化對於布拉馬普特拉河與印度河的影響可能最大，「預估會對六千萬人的糧食安全造成威脅。」見 Immerzeel, van Beek, and Bierkens, “Asian Water Towers”。

頁 169—嚴重影響健康：來自地球工程的硫沉澱對於健康的潛在影響，目前還沒有進行深入研究。由哈佛大學的凱斯（David Keith）和麻省理工學院的伊斯特罕（Sebastian Eastham）所做的一項研究，初步結果顯示，把微小顆粒注入平流層每年有可能導致多達數千人死亡。與硫對於健康的直接影響十分不同的另外一個問題，是可能在海洋和其他生態系中的硫沉澱。關於這一點，請見第五章 131 頁的「製造了更多問題」。

頁 169—超過 350 萬人死亡：在“Ambient (Outdoor) Air Quality and

Health”一文中，世界衛生組織估計，人類活動（如交通運輸、發電）導致的室外空氣污染，每年造成 370 萬人死亡。室內空氣污染則造成 330 萬人死亡，總計 700 萬人（”7 Million Premature Deaths Annually Linked to Air Pollution”）。

頁 170—避免被究責：見 Weaver, Politics of Blame Avoidance。

頁 171—變成像罪責一樣惡劣：這個思想實驗有扎實的倫理學基礎，沒有什麼很好的解決辦法可言。就是程度的問題。見 Parfit, “Five Mistakes in Moral Mathematics”。同樣的問題經常出現在電車難題（trolley problem）中。可參閱桑德爾（Michael Sandel）的《正義：一場思辨之旅》、David Edmonds 的 Would You Kill the Fat Man?，及 Thomson, “The Trolley Problem”。

在 Reasons and Persons 一書中，帕費特（Derek Parfit）還指出另一個經常有人提出的哲學反駁，擔心氣候變遷（以及地球工程）造成的影響：「非同一問題」（non-identity problem）。氣候變遷將改變我們所知道的歷史進程，改變人類聚落、遷徙，以及擇偶模式。如此一來，未來的世代都會是在氣候變遷的影響下出生的人。如果同樣這些人在沒有氣候變遷（或地球工程）的情形下根本不會活著，那我們怎麼能說，未來的世代會受到氣候變遷（或地球工程）的危害？帕費特自己很理所當然地把「非同一問題」視為應該立即解決的事情，而且有好幾個。也許最佳的情況是，行動本身（氣候變遷或地球工程）對未來的人可能很糟，而且從「未曾出生」的非同一意義上來說不會讓他們更糟。無論是哪種情況，罪責與不作為這兩種過錯的區別仍舊存在，而且就某些方面來說，不同程度的罪責與不作為的問題，顯然要比「非同一問題」的根本（非）反駁更難解決。

頁 172—數學推導：欲了解技術性的推導，詳見 Weitzman, “Voting Architecture”。這篇論文推導出第一型及第二型誤差下的理想投票法則。第一型誤差的定義，是指否定了某個假設，但它其實是正確的。假設氣候變遷很嚴重，需要靠地球工程來干預。於是實施地球工程，沒想到後來卻發現地球工程弊多於利：這是罪責。至於第二型誤差，就相當於這個思想實驗中的不作為：假設氣候變遷的狀況還不需要地球工程的干預，不料後來卻發現其實有此必要，但如今為時已晚。

關於這個投票架構的評論，以及針對地球工程治理的兩個進一步分析，請參閱 Barrett, “Solar Geoengineering’s Brave New World”。

第七章：我們可以做些什麼

頁 176—6 千萬分之一：見 Gelman, Silver and Edlin, “What Is the Probability”。

頁 176—1 美分的幾分之一：Brennan, Ethics of Voting 一書第 19 頁，計算出這個假想例子中的精確數字，是 4.77 × 10 的 2,650 次方美元：約莫為零。

頁 178—投票倫理學通俗理論：見 Brennan, Ethics of Voting 一書。

頁 179—《但地球會察覺到嗎？》：見 Wagner, But Will the Planet Notice?。主要論點的一個版本出現在《紐約時報》的專欄：Wagner, “Going Green but Getting Nowhere”。

頁 180—如果每個人都做一點：不需要強調。麥凱（David MacKay）在他的著作裡已經為我們標示出這段話：見 MacKay, Sustainable Energy—without the Hot Air。

頁 181—自我知覺理論：見 Bem, “Self-Perception Theory”。另外，Thøgersen and Crompton, “Simple and Painless?”一文則有詳盡的調查，指出從個體行動到集體行動的互補性理論，並指出這種非預期影響的局限。

頁 181—騎單車去上班：可參閱”Bike City”、“Copenhagen: Bike City for More Than a Century”、“Bicycling History” 等文章和 Cycling Embassy of Denmark 一書。

頁 181—環保十年：見第一章 36 頁的「尼克森接著簽署」以及此附注的相關內文。

頁 182—「排擠偏誤」：另一個版本是「單一行動偏誤」（single-action bias）。哥倫比亞大學環境決策研究中心的 CRED Guide，除了提供關於單一行動偏誤的很好入門，還提供了關於氣候變遷（傳播）心理學的絕佳資源。

頁 183—沒有好好研究：有研究已開始調查從個人行動到集體行動的關聯，並顯示有個自我增強的關聯，但只在敘述性偏好的脈絡中（Willis and Schor, “Changing a Light Bulb”）。這類型的研究本身就令經濟學家不自在。問人會採取什麼行動是一回事，觀察他們則是另一回事。

頁 183—排擠善行義舉：提墨斯（Richard Titmuss）的《贈與關係》（The Gift Relationship），是最早假設從集體行動到個人行動的這個「排擠」現象的論述之一。Frey and Oberholzer-Gee, “Cost of Price Incentives” 一文建立起理論基礎，重新帶起大家對這部著作的興趣。其他人則驗證了此作的部分經驗效度，最主要的也許就是有金錢報酬的捐血這件事上（Mellström and Johannesson, “Crowding Out in Blood Donation”）。

頁 183—增加用電量：減碳方面的整體成效在這個例子中仍是正面的，因為所增加的用電量並未完全抵消掉參與計畫後所減少的碳排放量。請參閱 Jacobsen, Kotchen, and Vandenbergh, “Behavioral Response”。

頁 186—布蘭森（Sir Richard Branson）：這是 2012 年 4 月 26 日，布蘭森以維珍航空董事長的身分在美國國務院「全球衝擊經濟學」會議上的發言（見“Interview of Virgin Group Ltd Chairman Sir Richard Branson by The Economist New York Bureau Chief Matthew Bishop”）。

頁 190—兩次「百年一見的」風暴：見第一章 16 頁的「艾琳造成 49 人喪生」和「珊迪造成 147 人死亡」。

頁 190—訂定碳價：見第五章 134 頁的「全世界每年補貼」。

頁 190—保險公司和再保險公司：Leurig and Dlugolecki, Insurer Climate Risk 一書提醒了一件事：特別是小型保險公司，可能需要為自己的氣候風險做更充分的準備。

頁 191—重建：WNYC 和 ProPublica 分析了聯邦資料，發現有超過一萬個家庭和公司雇主，將會收到小型企業管理局（Small Business Administration）的災害貸款，以便在易淹水地區重建（見 Lewis and Shaw,

“After Sandy”）。紐約已經從 510 億美元的聯邦補助金中，撥款 1.71 億給收購計畫。不過，許多屋主仍選擇在易淹水地區重建，而不是搬遷到別的地區（Kaplan, “Homeowners”）。

頁 192—衝破紐約的堤防：見第一章 18 頁的「每三到二十年發生一次」。

頁 192—上千億美元：根據紐約州財政廳 2014 會計年度初編評價清冊的估計，房地產價值為 8,737 億美元。

頁 193—聲明的減碳目標：見第一章 29 頁的「700 ppm」。

頁 193—全球升溫超過 6℃：見第三章表 3.1。

頁 193—單單計算二氧化碳：見第一章 25 頁的「400 ppm」和第一章 39 頁的「2 ppm」。

頁 193—大氣浴缸：見第一章從 30 頁開始的「浴缸問題」一段，以及第二章 50 頁的「浴缸」一段。

頁 195—麥吉本（Bill McKibben）：見 McKibben, “Global Warming’s Terrifying New Math”。欲了解進一步的分析，詳見 Generation Foundation, “Stranded Carbon Assets”。想有個概略的了解，可參閱“A Green Light”。

頁 197—比市場的表現要好：Margolis, Elfenbein, and Walsh, “Does It Pay to Be Good”一文發現一個小規模的正面影響。Eccles, Ioannou, and Serafeim, “Corporate Culture of Sustainability”把「高」永續度和「低」永續度的企業相比對，找出了相當大的正面影響。相反的，化石燃料公司近來的表現似乎不如大範圍市場平均水準（Litterman, “The Other Reason for Divestment”）。不確定情況之下的投資，本身就是個重要的課題。適用於減碳排放以及因應氣候變遷與從中獲利的選擇權價值理論，顯然是進一步研究的重要管道。

頁 197—菸草股：澳洲最高法院在「英美菸草澳大拉西亞有限公司及其他訴澳大利亞聯邦」一案的裁決，有利於維護菸草素面包裝法案（2011）一文。可參閱“Tobacco Shares Fall on Australian Packaging Rule”。

結語：另一種樂觀主義

頁 200—我們所知道的：見 whatweknow.aaas.org。引文取自美國科學促進會（AAAS）氣候科學小組的背景文件“What We Know”。另請參閱 Melillo, Richmond, and Yohe, “Climate Change Impacts in the United States”和 Risky Business Project, Risky Business，後者說明了為何因應氣候變遷是風險管理問題。

頁 201—每噸 40 美元：見第一章 41 頁的「還要更多」。

頁 201—負 15 美元：見第一章 39 頁的「每年超過 5 千億美元」。

頁 202—0.3 到 1 公尺：見第一章 19 頁的「0.3 到 1 公尺」。

頁 202—20 公尺：見第一章 25 頁的「全球均溫」。

頁 202—十分之一的機會：見第三章表 3.1。

頁 202—減少流入：見第一章從 30 頁開始的「浴缸問題」一段，以及第二章 50 頁的「浴缸」一段。

頁 203—極端天氣出現：見第一章 24 頁的「幾十年的暖化」和「數百年的海平面上升」。

頁 204—獨立的目標：關於最完整的當代論點，請見 Piketty, Capital。

頁 204—向有錢人和污染者徵稅：原始引述請見 Klein, “Capitalism vs. the Climate”，關於回應，可參閱 Wagner, “Naomi Klein”。Klein, This Changes Everything 一書中，則強調作者先前的論點。這本書的副書名是：「資本主義與氣候」（Capitalism vs. the Climate）。

國家圖書館預行編目
氣候危機大預警
熱地球的經濟麻煩與
世界公民的風險對策

葛諾．華格納（Gernot Wagner）
馬丁．韋茲曼（Martin L. Weitzman）合著；畢馨云譯
初版｜臺北市：大寫出版：大雁文化發行｜2016.03
264 面；15*21 公分｜(Catch On 知道的書；HC0058)
譯自：CLIMATE SHOCK:THE ECONOMIC CONSEQUENCES OF A HOTTER PLANET
ISBN 978-986-5695-45-3(平裝)
1. 環境經濟學 2. 經濟政策 3. 全球氣候變遷
550.16　105001578

氣候危機大預警
熱地球的經濟麻煩與世界公民的風險對策
大寫出版
書　　系　知道的書 Catch On　書號 HC0058
著　　者　葛諾．華格納、馬丁．韋茲曼
譯　　者　畢馨云
行銷企畫　郭其彬、陳雅雯、王綬晨、邱紹溢、張瓊瑜、蔡瑋玲、余一霞
大寫出版　鄭俊平、沈依靜、李明瑾
發 行 人　蘇拾平
出 版 者　大寫出版 Briefing Press
地址：台北市復興北路 333 號 11 樓之 4
電話：（02）27182001
發　　行　大雁文化事業股份有限公司
地址：台北市復興北路 333 號 11 樓之 4
電話：24 小時傳真服務（02）27181258
讀者服務信箱 E-mail: andbooks@andbooks.com.tw
劃撥帳號：19983379 戶名：大雁文化事業股份有限公司
初版一刷　2016 年 8 月
定　　價　330 元
I S B N　978-986-5695-45-3